La Merveilleuse Histoire des

QUINTUPLÉS

LES ÉDITIONS 7 JOURS
Une division de TRUSTAR ltée
10 000, rue Lajeunesse, bureau 200
Montréal (Québec) H3L 2E1

Éditeur: Claude J. Charron

Vice-président: Claude Leclerc

Adjointe à la rédaction: Geneviève Arcand

Révision: Michael Thornton

Correction: Pascal Saint-Gelais

Conception graphique de la couverture: Laurent Trudel

Les vêtements que portent les quintuplés,
en page couverture, sont une gracieuseté de:
La Boutique Gribouille
Galeries des Monts, Saint-Sauveur-des-Monts.

Dépôt légal
Bibliothèque nationale du Québec
Bibliothèque nationale du Canada
Quatrième trimestre 1993
ISBN: 2-921221-23-3

La Merveilleuse Histoire des
QUINTUPLÉS

Naji Abikhalil   Lina Haddad

propos recueuillis
par
Louise Leclaire

LES ÉDITIONS 7 JOURS

CHAPITRE PREMIER

LINA HADDAD ET NAJI ABIKHALIL: UNE HISTOIRE D'AMOUR

Les enfants de la guerre

En 1975, la guerre civile éclate au Liban. Si le plus gros des affrontements se déroule au centre-ville de Beyrouth, les bombes pleuvent également sur les petits villages de banlieue, et la population tout entière craint pour sa vie. Entre 1975 et 1977, la guerre se fera tantôt plus clémente, tantôt plus féroce. Parfois, les journées noires durent des mois et obligent les citoyens innocents à rester cloîtrés dans leurs maisons ou à courir, à chaque nouveau bombardement, se réfugier dans les abris souterrains.

Quand l'ardeur des combattants refroidit, hommes, femmes et enfants peuvent respirer et profiter de courts instants de liberté, qu'on goûte d'autant plus avidement qu'ils compensent pour ces longues journées où on ne peut mettre le pied dehors. On jouit pleinement de cette liberté passagère en se disant que, demain, elle ne sera peut-être déjà plus qu'un souvenir. Malgré la guerre qui frappe et tue aveuglément, sans distinction, la vie continue. Les jeunes surtout, même s'ils sont conscients de la gravité de la situation, ne peuvent s'empêcher de vivre.

Dans le quartier Furn-el-Chebback de Beyrouth se trouvent quelques-uns de ces jeunes. Garçons et filles, ils sont âgés de neuf à douze ans. Lina Haddad et Naji Abikhalil en font partie. Quand la guerre fait rage, ils n'ont d'autre choix que de jouer à l'intérieur. On se retrouve alors chez l'un ou chez l'autre. Pas question pour eux d'aller à l'école, de se promener dehors ou d'aller, sous un soleil radieux, se baigner sur les magnifiques plages de leur beau pays. Il faut se tapir comme des taupes, être continuellement aux aguets et courir aux abris au moindre grondement de moteur d'avion. Quand les jeunes sortent de chez eux pour se rendre chez l'un ou chez l'autre, leurs parents se morfondent, car les enfants

9

engagent alors une course contre la montre. Les jeunes, qui ne savent jamais s'ils se rendront à bon port, appellent ce défi *le jeu de la mort.*

Quand ils oublient la guerre, la réalité les rappelle à l'ordre. Dès qu'ils ressentent les premiers tremblements causés par les bombardements, ils courent aux abris se cacher. Le temps est bien long pour ces enfants qui auraient besoin d'espace pour bouger, de soleil pour grandir et de liberté pour s'épanouir. Malheureusement, ils sont plus souvent qu'autrement confinés entre quatre murs. Pour occuper ces sombres journées, on joue aux cartes ou à cache-cache, ou on étudie seul. La guerre aura terni le plus bel âge de la vie de ces jeunes, qui recherchent le plaisir sous toutes ses formes pour ne pas perdre espoir. Comme le dira, des années plus tard, l'un d'eux, Fadi Andraous: «Sans espoir, la vie n'aurait plus eu de sens.» C'est pourquoi jamais ces enfants n'ont perdu leur sourire et jamais ils n'ont empêché l'amour d'être présent dans leur vie, car la vie continue; elle donne, reprend et redonne. Les enfants de ces guerres, à l'exemple des jeunes qui combattent une grave maladie, sont riches d'une sagesse que peu d'autres enfants, voire peu d'adultes, possèdent.

Lina Haddad

Lina est une jeune fille coquette. Pas très grande, mince et très jolie avec ses cheveux et ses grands yeux noirs, elle vient d'une famille de trois filles et deux garçons. Troisième du rang, elle est la plus jeune des filles Haddad. Elle est aussi la plus gâtée. Dans la maison, le mot d'ordre est «ce que Lina veut, Dieu le veut». Quand elle demande quelque chose, on ne sait pas le lui refuser. Quand elle parle, on l'écoute. Lina profite à plein de nombreux privilèges que les autres n'ont pas, mais tous l'aiment profondément quand même, sans jalousie. Pourquoi tant de passe-droits pour cette petite bonne femme? C'est que Lina est le rayon de soleil de la maisonnée. Elle est toujours souriante et agréable, et pour rien au monde on ne voudrait ternir ce joli sourire ou assombrir l'éclat de son regard. Par son tempérament jovial, elle séduit tout le monde. Elle est la coqueluche de la famille.

Lina grandit dans un milieu où l'éducation scolaire est très importante. Le contraire étonnerait; Georges, son père, a été professeur de français et est aujourd'hui directeur dans une université d'architecture. Quant à Hana, sa mère, elle exerce le métier d'infirmière jusqu'au moment où elle se marie et fonde une famille à laquelle elle consacrera tout son temps. La famille de Lina est de classe moyenne, ni très riche ni très pauvre. Aujourd'hui, tous les enfants Haddad évoluent sur le marché du travail, sauf le petit dernier, qui termine ses études universitaires. Pour Hana et Georges Haddad, il est important que leurs enfants poursuivent leurs études. Sans imposer de discipline, ils ont toujours souhaité que chacun de leurs rejetons trouve sa voie et termine ses études. Lina, quant à elle, a choisi le secrétariat.

Mis à part le sujet des études, qu'il aborde avec beaucoup de sérieux, le père de Lina est un homme très joyeux, très doux et très bon. Les amis de Lina l'appellent «saint Georges». Il est toujours souriant, et c'est fort probablement de lui que Lina tient son sourire enchanteur. Mais, si le sourire de Lina est en tous points celui de son père, elle ne peut renier sa mère, de qui elle a hérité nombre d'airs de famille. Femme merveilleuse au dire des amis de Lina, Hana a transmis beaucoup de sagesse à sa fille. Une grande sérénité règne au sein du nid familial des Haddad, et leur ami Fadi Andraous, fasciné par les sourires continuels qu'affichaient les visages malgré les épreuves, en a toujours été fort impressionné.

À l'extérieur de chez elle, Lina est une jeune fille calme et plutôt timide. Mais elle est aimable et gentille avec tous ses amis, à qui elle adore d'ailleurs jouer des tours, sans malice toutefois. Dès son plus jeune âge, elle démontre aussi une attirance marquée pour les enfants, au contraire de nombreuses jeunes filles de son âge, qui ont les idées bien ailleurs. Et, comme par magie, les enfants sont également très attirés par cette jolie jeune fille au sourire chaleureux et au regard intense. Lina exerce sur ces jeunes un charme ensorcelant, comme une fine fleur dont ne peuvent se passer les abeilles. Jeune fille fidèle, Lina n'aura qu'un seul amoureux en la personne de Naji Abikhalil, qui deviendra son mari et avec qui elle fondera une merveilleuse famille.

Naji Abikhalil

Naji est un jeune garçon aux yeux perçants et à la chevelure noire très abondante. Sûr de lui, il fait fi des taquineries de ses amis, qui l'affublent parfois de noms rigolos à cause de sa forte stature. C'est lui, le bon gars du groupe qu'on se permet de taquiner sur sa forte constitution parce qu'on sait qu'il est bien dans sa peau. Mais Naji sait prendre sa place. Il a la réplique facile et, loin d'être timide, il est très blagueur. Comme Lina, il est issu d'une famille libanaise typique, de classe moyenne, dont les parents sont généralement très flexibles dans leurs relations avec leurs enfants, ce qui ne les empêche pas de considérer le respect du cercle familial et d'autrui comme une valeur très importante, au même titre que la solidarité entre les membres d'une même famille.

Antoine et Berth, les parents de Naji, ont quatre enfants, deux filles et deux garçons, Naji étant le troisième à naître. Le père de Naji est ingénieur en décoration intérieure. Il s'est marié très jeune et n'avait que vingt ans à la naissance de Naji. Cette faible différence d'âge entre Naji et son père a permis aux deux hommes de développer des relations père-fils particulières. Naji considère son père comme un véritable ami, un homme à qui il peut parler de tout et se confier; ce sentiment d'amitié, Antoine le partage également. La mère de Naji, Berth, a toujours été mère au foyer; elle a consacré sa vie à prendre soin de son mari et de ses enfants. Avec cinq personnes à combler, elle n'a d'ailleurs pas eu grand temps pour entreprendre du travail à l'extérieur.

Naji termine ses études secondaires pour ensuite compléter ses études en génie civil. Toutefois, il ne peut trouver de travail dans son domaine et réussit à décrocher un emploi dans l'import-export. Homme très positif, Naji n'est pas du genre à se décourager. Il place toute sa confiance en la vie. L'important, à ses yeux, c'est de travailler, car pour lui, le travail, c'est la santé. Cet aspect rassurant de la personnalité de Naji lui attire de nombreux amis. Sa façon stimulante de voir la vie motive les autres; on se sent bien à ses côtés. D'ailleurs, avec ses amis, Naji est très farceur. Qui veut le fréquenter doit entendre à rire. Très aimable, toutefois, il est toujours là pour aider les autres. Si son enthousiasme face à la vie, sa vivacité d'esprit et sa confiance en lui proviennent de son père, Naji tient de sa mère la sagesse et la capacité de bien réfléchir avant d'agir. Ces qualités font de lui un homme équilibré et enthousiaste, mais également très terre à terre. Comme sa femme, Naji est un homme des plus fidèles, et Lina a été sa première et son unique amoureuse.

La rencontre de Lina et de Naji

Lina et Naji se connaissent depuis 1978. Au Liban, ils habitent le même patelin, et quelques centaines de pieds seulement séparent leurs résidences respectives. On peut dire de ces deux amoureux qu'ils sont des amis d'enfance. Ils font partie du même groupe d'une douzaine de garçons et de filles, cousins, cousines, frères, soeurs et amis du quartier qui aiment jouer ensemble. Un jour, leur amitié se transformera en un sentiment beaucoup plus profond. Mais il coulera beaucoup d'eau sous les ponts avant que leur destin soit uni par le sacrement du mariage.

En effet, à cette époque, Lina et Naji, âgés de douze ou treize ans, se contrarient continuellement. Jamais ils n'arrivent à se mettre d'accord sur quoi que ce soit. Si l'un propose une activité, l'autre riposte à coup sûr et suggère autre chose. Naji et Lina se plaisent à se contrarier mutuellement. Naji est un garçon têtu. Lina s'en rend compte et elle saute donc sur chaque occasion de le faire choquer. «C'était une façon de le taquiner», dira-t-elle plus tard. Mais cette dualité entre ces deux jeunes gens ne cachait-elle pas un désir secret d'attirer l'attention de l'autre? Fort probablement. Combien de fois Naji, complètement désemparé, n'a-t-il pas, très tard le soir, appelé son ami Fadi pour lui raconter qu'il venait de se disputer avec Lina et que lui, son fidèle ami, devait intercéder auprès de cette dernière? En racontant ces souvenirs, Fadi ne peut s'empêcher de sourire. «J'étais l'espion, dit-il, autant de Lina que de Naji. Chacun s'informait auprès de moi de ce que l'autre avait pu dire, et vice versa.»

Agir complètement à l'opposé de leurs sentiments l'un pour l'autre est l'astuce qu'utilisent Lina et Naji pour se montrer leur intérêt. Chacun affiche ses couleurs et son caractère, sans censure aucune. C'est à prendre ou à laisser. Finalement, un jour, Naji ose. Encore une fois par l'entremise de son ami Fadi, il demande à Lina si elle accepterait de sortir avec lui. Évidemment, cette dernière répond par la négative. Non pas qu'elle n'aime pas Naji, bien au contraire. Chaque fois qu'elle le peut, elle ne manque pas de parler de lui à ses amis, en son absence, évidemment. Non, Lina refuse parce qu'elle se sent encore trop jeune pour s'engager. Elle n'a que quinze ans et elle sait au plus profond d'elle-même que, si elle accepte de devenir son amoureuse, elle le restera pour toujours, et cela l'effraie. De plus, elle est très consciente de cette dualité omniprésente entre Naji et elle. C'est pourquoi elle refuse et dit à Fadi, l'intermédiaire, que Naji ne pourra être son prince charmant tant que leurs relations resteront aussi empreintes de contrariétés.

La naissance de l'amour

Les mois s'écoulent, la vie poursuit son cours. Avec le temps, Lina et Naji apprennent à entretenir de meilleurs contacts. Leurs affrontements cèdent la place à des discussions beaucoup plus agréables. Ils se découvrent davantage et apprennent à reconnaître leurs qualités mutuelles. Lentement mais sûrement, des sentiments plus sereins naissent dans leur coeur. Lina découvre en Naji un homme bon et ajuste l'opinion qu'elle a de lui.

Ainsi, un jour, ce qui devait arriver arrive enfin, et Naji devient le beau prince de sa Lina. La jolie jeune fille aux cheveux d'ébène et aux yeux noirs succombe à la beauté intérieure de Naji et accepte qu'il devienne officiellement son chevalier. Selon Lina, Naji est un homme très gentil, d'une extrême douceur et très respectueux. Dès l'instant où elle a accepté de sortir avec lui, il s'est plié à tous ses désirs. Il ne pense qu'à la rendre heureuse. Il veut voir son merveilleux sourire illuminer constamment son visage. Quand on lui demande aujourd'hui ce qui l'attirait chez elle, il répond: «Tout, tout simplement.» Naji crie haut et fort à qui veut l'entendre qu'il est fou de sa Lina. Il est bien loin, le temps du jeune garçon qui prenait plaisir à toujours la contrarier. Depuis qu'il est devenu son cavalier, jamais il ne s'objecte à ses moindres désirs. Dorénavant, pour Naji, ce que Lina veut... Dieu le veut. Pour Naji, c'est un aboutissement. Depuis qu'il l'avait rencontrée, en 1978, alors qu'il n'avait que quatorze ans, Naji savait que Lina deviendrait un jour sa femme légitime. Il le sentait au plus profond de lui.

Avec le temps, leur amour grandit, et, lorsque Lina atteint ses vingt ans, en 1985, les amoureux confirment leur engagement et se fiancent. Comme Lina et Naji sont les premiers jeunes du groupe d'amis d'enfance à se fiancer, l'annonce de cet heureux événement a l'effet d'une bombe. Au Liban, les fiançailles sont modestes et, en cette journée de réjouissances où deux coeurs se promettent l'un à l'autre, les familles et amis proches des tourtereaux se réunissent pour être les témoins de leur engagement mutuel et voir Naji glisser au doigt de sa bien-aimée la bague de fiançailles qui lui rappellera, chaque fois qu'elle la verra enjoliver sa main, tout l'amour que Naji lui porte. Cette alliance, elle la portera à la main droite jusqu'au jour du mariage, quand Naji la lui glissera au doigt de la main gauche. En ce jour des fiançailles, Naji, accompagné de ses parents et de ses amis, se rend chez la famille de Lina pour faire la grande demande en mariage officielle aux parents. C'est évidemment sans hésiter que ces derniers acceptent. Et les réjouissances commencent. On chante, on danse, on mange et on éternise ces moments sur pellicule.

Deux ans plus tard, le 4 octobre 1987, Lina et Naji convolent en justes noces. La veille du grand jour, comme le veut la tradition, c'est l'enterrement de vie de célibataire, et tous, hommes et femmes, se retrouvent chez le futur marié pour fêter. On fait d'ailleurs la même chose chez la future mariée. Puis, quand minuit sonne, les membres de la famille du jeune homme et ses amis vont rejoindre la famille de la future épouse pour continuer à festoyer.

Pour rendre un hommage spécial à Naji, cette nuit-là, quelques parents et amis décident de franchir la distance de près de deux kilomètres qui les sépare du domicile de Lina en le portant sur leurs épaules. Fadi, toujours aussi fidèle à Naji, est du lot des braves. Pauvre de lui, mince comme un fil, il s'est pratiquement déboîté une épaule ce soir-là. Mais, malgré la forte constitution de Naji, tous ses amis tiennent à lui rendre cet hommage. Copains un jour, copains toujours, et, même s'il est lourd à porter, chacun tient à faire son petit bout de chemin pour l'emmener à bon port. Ainsi, deux par deux, à tour de rôle, ils se relaient jusqu'à ce que Naji soit enfin aux côtés de sa belle. C'est dans ce climat de festivités que Lina et Naji quittent leur vie de célibataires pour entreprendre une vie commune qui changera à jamais leur destin.

Au lendemain de cette soirée d'enterrement de célibat, Lina revêt sa robe de mariée toute blanche ornée d'une longue traîne. Elle porte un énorme et magnifique bouquet de corsage teinté de belles fleurs blanches et roses. Naji, pour sa part, beau comme un prince, porte fièrement le smoking du marié. Quand la cérémonie commence, Lina, telle une reine, descend au bras de son père l'allée centrale qui la conduit auprès de son futur époux. Une harde de filles et de garçons d'honneur la précède, comme pour protéger un bijou des regards indiscrets.

Comme Naji et Lina sont, chacun dans sa famille, les premiers à quitter le nid familial, on organise une très grande noce. D'ailleurs, au Liban, la noce revêt un caractère très important, surtout pour la fille qui prend mari. Au mariage de Lina et de Naji, plus de 150 personnes ont tenu à accepter l'invitation et d'être témoins de leurs voeux de fidélité. Une somptueuse soirée est organisée, où chacun peut danser et s'amuser à sa guise en l'honneur des nouveaux mariés. Les tables sont garnies de délicieuses victuailles, au milieu desquelles un immense gâteau de noces trône majestueusement, fier de ses huit étages.

Enfin unis par les liens sacrés du mariage, les deux tourtereaux partent en voyage de noces. Ce n'est qu'à leur retour qu'ils recevront leurs cadeaux de mariage. En effet, selon la coutume, il est de mise d'attendre que les nouveaux mariés soient revenus de voyage de noces avant de leur donner leurs cadeaux. Les présents offerts sont choisis en fonction des besoins des jeunes mariés; parfois, ce sont des accessoires pour la maison ou de l'argent, selon le cas. En ce sens, la coutume libanaise ressemble beaucoup à celle du Québec.

CHAPITRE II

UN ENFANT À TOUT PRIX

L'attente d'un premier enfant

Au retour de leur voyage de noces, Lina et Naji s'installent à leur goût dans leur petit nid d'amour. Lina attend. Impatiente jeune mariée, elle veut porter le fruit de son amour pour Naji. Elle veut sentir son amour grandir encore davantage dans son ventre et prendre un visage humain: épouse, elle veut maintenant à tout prix devenir mère. Bien avant d'être mariée, elle brûlait d'impatience d'être mère. En effet, même si la tradition n'est plus autant suivie que naguère, selon les us et coutumes de son pays, il est de mise que, dans l'année qui suit le mariage, le couple donne naissance à un premier enfant. L'honneur est en jeu. C'est important pour le mari et encore plus pour celle qui prend son nom. Au contraire de nombre de jeunes mariées de son époque, qui préféraient attendre avant d'enfanter, pour Lina, cette tradition avait toujours une signification, et son envie d'être mère était viscérale. Elle voulait un descendant qui perpétue le nom Abikhalil. C'était impératif. Dans la mentalité libanaise, l'Église et la famille sont deux valeurs importantes et respectées. D'ailleurs, à l'occasion de fêtes comme Noël, la coutume veut que tous les membres de la famille se réunissent, du plus petit au plus vieux. Personne n'est oublié, et tous y participent. Les plus vieux racontent l'histoire, les plus jeunes écoutent.

Même si, à ses yeux aussi, la famille occupe une très grande place, Naji n'est pas aussi pressé d'avoir un enfant que sa jeune épouse. L'attente ne l'inquiète pas outre mesure, au contraire de Lina. Fidèle à son tempérament confiant, il laisse passer le temps. Il sait que la vie s'occupera de tout en temps et lieu. Il est convaincu que la nature et, surtout, Dieu feront la bonne part des choses. En bon mari, il travaille beaucoup et, pour ne pas énerver Lina davantage avec ce qu'elle considère comme un problème, il préfère lui montrer qu'il ne s'inquiète pas et lui dire qu'il attendra le temps qu'il faudra, et qu'entre-temps ils n'ont qu'à profiter au maximum de cette liberté à deux qui leur est offerte.

Après une année d'attente, Lina commence à désespérer. Son ventre est toujours plat, et les règles se succèdent mois après mois. D'ailleurs, quand arrive ce jour où la nature lui confirme qu'elle n'est pas enceinte, Lina s'isole. Elle se replie sur sa douleur, sur le vide qui lui remplit le ventre et le coeur. Pendant deux jours, elle ne veut voir personne. Elle s'interroge, seule dans ses angoisses. Pourquoi, elle qui adore les enfants, ne porte-t-elle pas encore l'enfant qui les rendra, son mari et elle, dignes de leur mariage, dignes de leur amour? Une immense tristesse l'empoigne. Pendant ces jours sombres, Naji tente tant bien que mal de rassurer sa Lina. Il ne cesse de lui répéter qu'ils sont encore bien jeunes et qu'ils ont beaucoup de temps devant eux. Attristé de voir Lina sans son sourire éclatant, il tente par tous les moyens de lui remonter le moral. Et, comme la vie doit suivre son cour et qu'après la pluie vient toujours le beau temps, tous les mois, Lina renaît à la vie. L'espérance que ce mois-ci sera le bon l'encourage. Ainsi, de mois en mois, Lina meurt et renaît de nouveau. Chacun des membres de sa famille essaie de la rassurer malgré cette maternité qui se fait attendre. C'est en vain, toutefois: plus on tente de la raisonner, plus Lina se sent incomprise.

Pour aider Dame Nature

Quelque temps après son mariage avec Naji, Lina cesse de travailler. Elle et Naji ont convenu qu'elle quittera son emploi pour s'occuper du foyer. Naji a un travail qui lui permet de bien subvenir aux besoins de sa tendre moitié. Tout ce temps dont elle dispose, Lina voudrait justement le consacrer à élever sa petite famille.

Un jour, elle en a assez d'attendre. Elle décide d'aller consulter un médecin pour savoir ce qui se passe et pourquoi elle est infertile. Naji, qui connaît bien sa Lina, ne veut pas la contrarier; c'est pourquoi il accepte sa décision. À sa première visite chez le médecin, celui-ci, conscient qu'il est encore très tôt pour parler d'infertilité, essaie de faire entendre raison à Lina. Un an seulement, c'est trop peu pour penser à aider la nature par les nouvelles technologies de reproduction. Mais Lina a la tête dure et elle ne démord pas de son idée. Après un bombardement d'arguments, celui-ci abdique, et Lina remporte la victoire. Ce que Lina veut... Dieu le veut!

Ainsi, s'enclenche le processus qui déterminera la cause de l'infertilité de Lina. Au fil des mois, les tests se succèdent. Finalement, les résultats indiquent que Lina démontre une faiblesse au niveau de ses ovules, ce qui ne signifie toutefois pas qu'elle n'aura jamais d'enfants. Cette faiblesse peut tout simplement retarder sa fécondation, parce que ses ovules seront plus forts un mois et plus faibles le suivant. Conclusion du médecin: le temps arrangera tout. Mais, encore une fois, Lina ne voit pas la situation du même oeil que son spécialiste. Elle refuse de laisser s'égrener le temps sans rien faire. Elle revient à la charge et réussit, cette fois encore, à le convaincre de commencer immédiatement des traitements hormonaux. Pauvre médecin, complètement décontenancé par la détermination de Lina à obtenir ce qu'elle désire. Lina remporte une autre manche.

Afin de stimuler son ovulation et de fortifier ses ovules, Lina prend des médicaments. Malheureusement, après quelques mois, les résultats ne sont pas concluants, et elle n'est toujours pas enceinte. Les menstruations se succèdent inexorablement. Mais, contrairement à ses habitudes, Lina n'est plus déprimée. Elle garde espoir, car elle sait qu'elle est entre les mains d'un médecin compétent et qu'on finira bien par trouver le moyen de combler son désir.

N'obtenant aucun résultat, le médecin de Lina entreprend de lui prescrire des doses d'hormones sous forme d'injections. Lina doit faire preuve de beaucoup de bon vouloir et d'énergie. Matin et soir, elle doit recevoir ses injections d'hormones. C'est sa mère qui héritera de cette tâche, Lina ne se sentant pas capable de se faire elle-même les injections. De plus, afin de déterminer le moment précis de son ovulation et d'augmenter ainsi ses chances d'être fécondée par son mari, Lina doit régulièrement se rendre à la clinique, où elle subit une échographie pelvienne. Ainsi, elle saura quel jour de son cycle menstruel l'ovaire libérera son ovule. Ce va-et-vient continuel est une période difficile à traverser pour elle, même si les injections d'hormones ne lui causent aucun effet secondaire désagréable. Sa souffrance est davantage morale que physique. Mais Lina est capable d'encaisser et, la tête haute et le coeur plein d'espoir, elle continue sa croisade vers la maternité.

Il faudra cinq mois avant que Lina devienne enfin enceinte. Finies les contraintes rigides à suivre pour se conformer au traitement hormonal, fini l'amour sur commande afin de maximiser les chances de fécondité — même si, comme toute femme aux prises avec ce genre de problème, Lina avait compris que ces efforts font partie du lot de sacrifices qu'on doit s'imposer quand il faut avoir recours à une aide extérieure pour donner un petit coup de pouce à Dame Nature. La fin justifie les moyens, et il faut aller jusqu'au bout pour réaliser son rêve. Lina le savait bien et jamais elle ne s'est plainte.

Dans cette aventure, elle était grandement soutenue par son homme. Pour Naji, si entreprendre des démarches en clinique de fertilité soulage Lina et la rend heureuse, alors, c'est parfait. Le bonheur de sa femme est le sien. Ainsi, tout au long des traitements, Lina et Naji parlent beaucoup de cet engagement. Conscient de tous les sacrifices et des efforts qu'exige cette démarche, Naji laisse Lina libre de continuer le traitement ou de l'interrompre quand bon lui semblera. Pour lui, il est évident qu'un jour ils auront un enfant, même sans l'aide de la technologie. Selon lui, la nature fait les choses à son rythme, en temps et lieu. Mais il en est tout autrement pour Lina, pour qui cette attente est douloureuse. Dans sa quête effrénée pour devenir enfin mère, elle aura été très chanceuse qu'un médecin accepte de s'occuper de son cas, vu son jeune âge et considérant le fait qu'elle avait des chances d'enfanter seule.

Après cinq longs mois de traitement, Lina apprend qu'elle est enceinte. Elle exulte. Dieu a enfin entendu son appel. Il a exaucé sa prière. Par surcroît, généreux comme Il est, Lina n'attend pas un seul enfant mais bien trois.

La naissance et la mort des triplés

À ce moment, la guerre fait encore rage dans les rues du Liban, ce qui amènera Naji et Lina à vivre un horrible cauchemar. Quand surviennent les bombardements, il faut toujours que quelqu'un aide Lina à se rendre dans l'abri souterrain pour qu'elle ne soit pas blessée ou même tuée. Enceinte de triplés, elle n'est plus aussi rapide à se déplacer. Ces énervements ne sont bons ni pour les bébés ni pour la mère. Dès le départ, la chance ne semble pas de leur côté.

Au septième mois de sa grossesse, le travail de la délivrance de Lina commence. Le coeur inquiet à cause de la guerre, Lina accouche de ses trois bébés par césarienne. Au moment de l'accouchement, son médecin est malheureusement en voyage à Paris. C'est donc un autre médecin qui mettra ses enfants au monde. Comme si tout se ralliait contre elle, il n'y a pas suffisamment de bonbonnes d'oxygène et d'incubateurs, et l'hôpital se voit sporadiquement privé d'électricité. De plus, à cause des affrontements dans les rues de la ville, il est impossible de transférer les poupons dans un autre établissement ou de se procurer du matériel supplémentaire. Lina, Naji et leurs trois nouveau-nés, deux filles et un garçon, sont coincés. S'il n'y a pas de danger pour la vie des parents, il en est tout autrement pour leurs bébés prématurés, dont les chances de survie, dans ces conditions, sont très minces. Les trois enfants, encore à l'aube de leur vie, auront à lutter contre la mort.

En l'espace de trois jours, la bataille est livrée, et les trois poupons Abikhalil rendent l'âme. Pourtant, il n'aurait fallu qu'une journée de plus pour qu'ils s'en sortent. Si la nature avait pu attendre à peine un jour de plus, Lina et Naji pourraient probablement serrer dans leurs bras leurs tendres chérubins. En effet, conscient des dangers que représente l'accouchement dans un pays en guerre, Naji a depuis longtemps entamé des démarches pour obtenir les visas qui lui donneraient le droit d'emmener sa femme accoucher dans un pays où la guerre ne sévit pas. Étant donné les circonstances, les autorités de l'Immigration acquiescent à sa demande. Le jour même où Lina accouche, Naji revient de Chypre avec, en main, les visas nécessaires pour partir au Canada. Mais à son retour, le coeur battant de joie, Naji aura la déception de sa vie, car il est trop tard. Le travail a commencé et l'accouchement aura lieu dans les heures qui suivent, avec l'issue qu'on sait.

On veut épargner Lina. C'est pourquoi on ne lui apprend pas immédiatement la triste nouvelle. Séparée de ses bébés depuis leur naissance pour des raisons médicales évidentes, elle s'enquiert jour après jour de leur état de santé. Elle souhaite ardemment les voir, mais on lui fait comprendre qu'elle n'est pas suffisamment en forme pour se déplacer et que les bébés ne peuvent, eux non plus, être transportés auprès d'elle. Sans rien savoir encore, elle a le sentiment profond que quelque chose ne va pas. Au fond de son coeur, elle ne sent pas qu'elle est mère. Elle a l'impression d'avoir subi une simple intervention chirurgicale. Elle ne se trompe pas.

C'est sa mère qui lui annoncera la triste nouvelle trois jours après le décès des enfants. Naji, qui aime sa Lina plus que tout au monde, a peine à affronter cette dure réalité. Déjà affligé, il se sent terriblement impuissant et ne peut même imaginer se retrouver devant elle et affronter son regard rempli de douleur et de désespoir. Pendant tous ces jours, il aura gardé son secret, se dérobant devant les questions de sa femme sur la santé des bébés. Lina l'appelle régulièrement pour avoir des nouvelles. Le jour du décès du premier bébé, elle l'appelle et lui souligne qu'il est déjà 8 h du matin et qu'il n'est pas encore auprès d'elle. Naji, qui a passé toute la nuit à l'hôpital au chevet de son bébé, invente une raison, un prétexte. Il ne peut pas lui dire qu'un de leurs bébés vient de mourir deux heures auparavant. Il s'efforce de rester calme pour ne pas inquiéter Lina, qui doit encore récupérer de son accouchement.

Le premier bébé à retourner dans les limbes, tel un petit ange, est un garçon; suivent une fille puis une autre. Et les trois nouveau-nés sont enterrés. Une courte cérémonie est organisée, dans la plus stricte intimité. Lina ne peut y assister; son état de santé, les bombardements et la douleur qu'elle porte en elle l'en empêchent. Elle est présente en pensée. Par après, régulièrement, elle ira s'agenouiller sur les petites tombes pour prier. Même aujourd'hui, quand elle retourne au Liban, elle se rend au cimetière où sont enterrés ses trois petits. Naji en fait autant. Même s'ils sont maintenant parents de cinq merveilleux bébés resplendissants de santé, ils ne peuvent oublier leurs triplés décédés.

Ce n'est pas sans peine que Lina s'est relevée de ce drame qui frappe une femme au plus profond d'elle-même. Porter trois bébés plus de sept mois, les mettre au monde et apprendre qu'ils sont morts à cause d'une satanée guerre qui n'en finit plus a de quoi déchirer même l'âme la plus stoïque. À sa sortie de l'hôpital, Lina panse ses plaies et se réfugie chez elle. Pendant plus d'une semaine, elle se replie sur elle-même. C'est trop laid, trop difficile à supporter.

Mais la vie continue, et si ses bébés sont morts, Lina est encore vivante et ne peut s'y soustraire. Une force venue d'on ne sait où finit par émerger des tourmentes, et Lina sort de sa réclusion. Elle ouvre de nouveau sa porte à la vie. Elle se rend fréquemment chez sa mère pour parler et parler encore; elle veut se libérer et extirper le venin de la tristesse de son sang. Elle réussit à tirer un trait sur le passé et laisse tomber le rideau sur un spectacle qu'elle ne veut plus regarder. Elle se tourne vers l'avant, vers le futur et ne veut plus penser à ces souvenirs, à ces moments d'horreur qui l'ont déchirée. Elle veut ainsi se protéger d'une souffrance ingrate. Encore aujourd'hui, elle évite de parler de cet enfer. Toute femme aurait eu raison de sombrer dans les ténèbres après s'être fait arracher aussi cruellement la chair de sa chair sans même l'avoir tenue une seule fois dans ses bras. À quoi donc Lina pouvait-elle se raccrocher pour réussir à traverser une épreuve aussi difficile? À l'espoir. À l'espoir qu'elle pouvait recommencer et qu'elle tiendrait un jour dans ses bras l'enfant qu'elle caressait déjà dans son coeur. Un jour nouveau se lève pour Lina.

CHAPITRE III

UNE DEUXIÈME GROSSESSE

Munis des visas qui leur permettent de sortir du pays, Naji et Lina décident de s'accorder un temps d'arrêt. Ils partent en voyage, loin de leur entourage et de cette ville qui leur rappelle de mauvais souvenirs. Ils pourront ainsi se retrouver tous les deux et faire, dans un premier temps, le vide, puis le plein d'énergie et d'amour. Pour exorciser ce cauchemar, ils parlent et se laissent bercer par l'eau de la mer des pays qu'ils visitent. Un voyage pour se nettoyer l'esprit, pour se remplir de l'énergie divine du soleil. Naji veut revoir Lina débordante de santé et souriante. Ils passent de longs moments à discuter. Naji veut rassurer sa jeune épouse. Il ne cesse de lui dire qu'ils sont encore jeunes et qu'ils ont la vie devant eux. Il convainc Lina que ce n'est que partie remise et que, si Dieu prend, il donne également. C'est au cours de ce voyage d'introspection et de remise en forme physique et morale que les deux amoureux découvrent le Québec, terre promise où ils s'installent chez des amis pendant les quelques mois de leur séjour. Ils y trouvent un havre de paix, sans fusils, sans bombardements, sans abris souterrains. Ils se familiarisent avec ce nouveau style de vie et apprennent à connaître le peuple québécois et ses habitudes. Ils ne savent pas encore que c'est cette province du Canada qui verra naître leurs futurs enfants.

Une deuxième chance

La fête de Noël approche et rappelle les tourtereaux dans leur pays natal. La famille s'ennuie, et Lina souhaite ardemment revoir son père. Naji et Lina plient donc bagage et repartent pour le Liban. À leur retour, ceux qui causaient la guerre sont partis, et le calme s'est de nouveau installé dans le village, mais pour combien de temps? Lina est en grande forme. Les vacances lui ont fait du bien, au grand plaisir de son mari et de tous les membres de sa famille. Ayant retrouvé ses forces dès son retour en sol libanais, Lina décide de prendre contact avec son médecin. Le désarroi s'installe chez chacun des membres des deux familles. On s'inquiète, on considère cette décision comme hâtive, étant donné les épreuves passées. Les amis du Québec sont également très inquiets de penser qu'elle pourrait encore une fois devenir enceinte de plusieurs bébés. S'il fallait que Lina vive un autre calvaire, elle pourrait y rester elle-même cette fois-là. Pour eux, il est impératif que, si Lina porte plus d'un bébé, elle devra revenir au Québec pour s'assurer qu'ils survivront.

Ainsi, Lina se rend au cabinet de son médecin avec la ferme intention de repartir à zéro. Elle lui raconte sa triste histoire. Il l'écoute, mais, avant de reprendre les traitements, il veut s'assurer que sa patiente s'est bien remise, tant physiquement que moralement. Avant d'entamer toute démarche subséquente, Lina devra donc subir une batterie de tests qui prouveront sa bonne santé. Après seulement, les traitements pourront reprendre. Mais la force de la jeunesse accompagne Lina: les résultats sont excellents. De plus, un mois à peine après le début des traitements, Lina est de nouveau enceinte. C'est la joie dans son coeur et dans celui de Naji. Mais, en même temps, s'installe dans le coeur de Naji une inquiétude bien légitime. Il n'en dit mot à personne, surtout pas à sa Lina.

En janvier 1992, le médecin de Lina confirme aux futurs parents qu'elle porte plus d'un bébé. Naji insiste pour avoir plus de précisions. Le médecin lui annonce alors qu'il croit qu'il y en a trois et peut-être même quatre. Avant même que le docteur ait eu le temps de terminer sa phrase, Naji lance tout de go: «Vous croyez!» C'est en effet seulement quelques semaines plus tard que le médecin pourra confirmer la présence de quatre foetus dans l'utérus de Lina. Ainsi, comme pour se faire pardonner la perte des trois premiers bébés, la vie aura envoyé quatre nouveaux petits êtres à l'heureux couple. Il leur appartenait maintenant de faire en sorte de les voir vivre et grandir.

Bien conscient de cette seconde chance qui s'offre à sa femme et à lui, Naji n'hésite pas une seule minute. Il faut partir, plier bagage et aller là où on pourra prendre bon soin de Lina et des quatre bébés à naître. Cette idée de quitter les siens, de partir loin de sa famille ne réjouit en rien Lina, qui est très attachée à ses parents. Elle est tourmentée à l'idée d'accoucher sans sa mère pour l'épauler. Saura-t-elle se débrouiller seule après la naissance des enfants? Voilà autant de questions qu'elle ressasse dans sa tête. Mais, cette fois, Naji n'écoute que sa raison, et Lina devra suivre. Pour lui, tout est très clair. Pour sauver les bébés, il faut partir, et sa planche de salut est le Canada. Là-bas, ils avaient des amis sincères, dont Fadi. Et Naji a confiance en la conscience professionnelle des médecins québécois. Il n'en faut pas plus pour que Lina et Naji sautent dans l'avion qui les ramène au Québec avec l'espoir que, cette fois, leurs bébés verront non seulement le jour ... mais aussi les jours se succéder.

Cette décision presque unilatérale de Naji crée un certain mécontentement au sein des deux familles. C'est alors qu'il fait comprendre à tout le monde que les risques de décès des bébés et même de Lina sont trop élevés pour envisager un accouchement au Liban. Naji a la chance d'être soutenu par un pays qui l'accueille et il ne peut passer à côté de cette chance. Il faut que les familles comprennent, comme il comprend lui-même les craintes bien légitimes de la parenté. En effet, chacun se demande comment le couple fera pour vivre là-bas, si loin. Mais Naji sait les rassurer: jeune et en parfaite santé, il saura trouver du travail pour faire vivre sa progéniture. Finalement, il réussit à convaincre tout le monde. De toute façon, il part.

Entre bonnes mains

Avant de quitter son pays pour le Québec, Naji a noté, sur un billet qu'il conserve précieusement, le nom d'un médecin montréalais que le médecin de Lina lui a recommandé. Aussitôt arrivé à Montréal, il s'empresse de le contacter. Quand ce dernier apprend que Lina est enceinte non pas de deux ni même de trois bébés, mais bien de quatre, il n'hésite pas un instant à référer le jeune couple à une sommité dans le domaine des grossesses à hauts risques, le Dr Arvind K. Joshi, obstétricien et gynécologue en chef du Centre hospitalier de St. Mary, membre de l'équipe pour les grossesses à hauts risques à l'Hôpital général juif de Montréal et professeur associé du département d'obstétrique-gynécologie de l'université McGill.

Immédiatement après avoir contacté le Dr Joshi, Lina est admise à l'hôpital, car on ne veut prendre aucun risque quant à la santé des bébés et celle de la mère. Enceinte d'environ trois mois, Lina s'installe donc au quatrième étage de l'hôpital, où elle sera traitée comme une reine pendant toute la durée de son séjour. Porteuse d'autant de bébés, elle mérite un traitement royal, car l'aventure qui l'attend ne sera pas de tout repos. On lui recommande donc de rester bien tranquille et de se la couler douce. Aucun effort ne sera négligé pour permettre la naissance de ces quatre bébés en parfaite santé. Un personnel infirmier spécialisé s'occupe de Lina. Pour son plus grand confort, on lui fait faire un lit d'hôpital double, car elle sera bientôt trop à l'étroit dans un lit conventionnel, d'autant plus qu'elle passera la majeure partie de son temps alitée. Bref, il faut lui rendre la vie un tant soit peu plus agréable.

Autant d'égards rendent Lina heureuse et la mettent en confiance. Elle se sent entre bonnes mains, et c'est important pour une future maman. Elle doit éviter toute angoisse, toute anxiété, car, quand une femme est enceinte, son bébé vit les mêmes joies et les mêmes épreuves qu'elle. Lina, cette fois, sent que le ciel ne l'abandonnera pas. Naji se sent aussi en pleine confiance. Il est fou de joie. Les événements font en sorte qu'il peut se rassurer d'avoir pris la bonne décision en quittant le Liban. À présent, il peut respirer; il sait qu'il a bien rempli son rôle de mari et de futur père. C'est avec raison qu'il a bravé mers et monde. Le ciel vient de lui offrir un premier cadeau: la compétence de tout un personnel hospitalier hautement spécialisé qui est aux petits soins avec sa Lina.

Cinq plutôt que quatre

Dès qu'elle est bien installée dans les appartements qui seront les siens pour les mois à venir, Lina subit une première échographie, question de s'assurer du nombre exact de bébés qu'elle porte. C'est alors que le Dr Joshi lui demande si elle est bien certaine du nombre de foetus qu'elle couve jalousement dans son sein. À cette question, Lina ne peut que répondre oui avec toute la conviction du monde. Son médecin au Liban le lui a bien dit, après tout. Le Dr Joshi n'allonge pas la discussion.

Ainsi, jusqu'au cinquième mois de sa grossesse, Lina subit tous les mercredis une échographie qui permet de suivre la progression des bébés. Mais un certain mercredi, les événements prennent une autre tournure. Le Dr Joshi demande l'assistance d'une infirmière spécialisée dans les échographies pour naissances multiples en qui il a une confiance aveugle. Pendant plus d'une heure, cette dernière, prénommée Johanne, scrute avec son appareil l'intérieur de ce gros ventre rond qui est censé protéger quatre bébés. Lorsqu'elle a terminé son examen, le Dr Joshi se pointe de nouveau dans la chambre de Lina. L'infirmière lui a lancé un regard en lui disant tout simplement: «Cinq, docteur.» Lina tente de s'interposer et lance à son tour: «Non, c'est quatre!» Pour prouver à sa patiente la véracité du diagnostic, le Dr Joshi invite Lina à compter avec lui sur l'écran du moniteur le nombre de foetus. Lina n'a d'autre choix que de se rendre à l'évidence. Il y a bien là, caché derrière un autre, un cinquième bébé de sexe masculin.

À cette étonnante découverte qui la consacre mère cinq fois plutôt que quatre, Lina ne peut que s'exclamer: «Oh! mon Dieu!» en esquissant un sourire nerveux. Lina ne sera pas la seule à se montrer surprise à l'annonce de cette nouvelle. Une amie de Lina, Thérèse Karam, venue lui tenir compagnie quelques heures ce jour-là, ne peut retenir sa surprise et s'écrie: «Quoi? Un cinquième!» Quant à Fadi, le fidèle ami du couple, complètement déconcerté, il dira à Naji, son ami de toujours: «Que Dieu te soutienne, mon ami!» Même si Lina rit de la situation, le Dr Joshi sait très bien que ce rire cache une grande nervosité et peut-être même beaucoup d'angoisse. C'est pourquoi il insiste pour qu'elle reste calme et ne s'énerve pas, car cela pourrait être néfaste pour elle et les bébés. Plus facile à dire qu'à faire en de telles circonstances, mais Lina y arrive. Quand il y en a pour deux, il y en a pour trois; alors, s'il y en avait pour quatre, il y en aura pour cinq.

Ce nouveau venu dans le ventre de Lina incite le Dr Joshi à demander que Lina soit transférée à l'Hôpital général juif de Montréal, qui possède encore plus d'équipement spécialisé pour recevoir les cinq prématurés à venir; l'Hôpital général juif de Montréal et le Centre hospitalier de St. Mary sont d'ailleurs unis par une entente de collaboration mutuelle. Le 20 février 1992, Lina change donc d'hôpital. Le Dr Joshi continue de suivre sa gestation. À cette étape de la grossesse de Lina et après la découverte du nombre réel de bébés à naître, le Dr Joshi insiste pour qu'il y ait continuellement quelqu'un auprès d'elle. Il faut éviter qu'elle ne pense trop à tout ce qui se passe dans sa vie. Elle vit des moments trop intenses pour rester seule. En plus de cette directive, il indique à Lina qu'elle ne doit plus quitter son lit. Elle doit rester allongée et n'a le droit de se lever qu'une fois par semaine, pour prendre un bain. Entre-temps, elle doit se débrouiller autrement. Mais Lina est une femme charmante et enjouée. Alors, comme quand elle était petite, elle se fait aimer de tout le personnel hospitalier, qui sympathise d'ailleurs beaucoup avec elle. Ainsi, pour la désennuyer, plusieurs infirmières viennent passer leur pause-café en sa compagnie.

Et papa dans tout ça? Quand Lina lui annonce la grande nouvelle, il rétorque du tac au tac: «Tu es sûre que c'est cinq et pas six?» Quelle réaction et quelle gentillesse envers sa femme! Naji préfère tourner les événements à l'humour plutôt qu'à la catastrophe. Par son attitude positive, il encourage sa femme, qui sait ainsi à coup sûr qu'elle peut compter sur lui. Naji prendra bien soin de chacun des membres de sa petite famille, peu importe le nombre d'enfants qui naîtront. Pour lui, qui démontre comme toujours une très grande confiance en la vie, quand il y en a pour cinq, il y en a pour six. Rien ne sert de s'énerver, et, surtout, il ne veut absolument pas inquiéter Lina. Dans son coeur, il sait très bien que, pour elle et pour eux deux, tous les bébés doivent naître et survivre.

Un long séjour à l'hôpital

Le séjour de Lina à l'hôpital, même s'il n'a pas toujours été facile à cause des restrictions nécessaires pour préserver sa santé et celle de ses bébés, s'est quand même bien déroulé. Plusieurs amis du couple, dont Ghada Skaff, l'amie de Lina, se rendent quotidiennement à son chevet pour lui faire un brin de causette. Lina trouve en Ghada une amie très dévouée qui n'hésite pas à passer encore plus de temps auprès d'elle dès qu'elle a des journées de congé ou de vacances. La présence de Ghada est un précieux soutien pour elle, d'autant plus qu'un jour que Lina se plaint de douleurs au ventre et affiche un teint blême, son médecin lui prescrit non seulement de rester couchée en tout temps, mais aussi de garder ses jambes surélevées en permanence jusqu'à l'accouchement.

Si cette période d'inactivité est pénible pour Lina, Naji a, lui aussi, sa part d'efforts à fournir. Tous les jours, sans broncher, il se rend auprès de sa femme. Assis de longues heures à ses côtés, il lui tient compagnie et discute de différents sujets avec elle afin qu'elle garde un bon moral.

Les jours, les semaines et les mois passent. À mesure que sa gestation progresse, Lina se transforme. Elle a de plus en plus de difficulté à se mouvoir, ses pieds et ses jambes étant trop enflés. Son gros ventre l'incommode. Elle ne peut plus se tourner sur le côté seule et, couchée sur le dos, elle étouffe. Plus le temps passe et plus elle a de difficulté à trouver des positions confortables. De plus en plus, Lina a besoin de quelqu'un à ses côtés, non pas pour converser mais simplement pour l'aider à bouger. Cette souffrance intérieure que Lina vit, encore une fois, Naji la ressent. Il aime Lina et il veut son bonheur et son bien-être physique et moral. Sachant très bien qu'il ne peut rien faire pour soulager son inconfort, Naji s'efforce de lui apporter un soutien moral. Tous deux, ils vivent des moments riches en émotions, car, même si ces enfants sont ardemment désirés, l'attente de leur arrivée et les inconforts de la grossesse n'en sont pas moins difficiles. Même si elle souhaite ardemment la naissance de ces enfants, Lina trouve l'attente lourde à soutenir.

Malgré tout le soutien qu'il lui apporte, Naji doit s'absenter quelque temps et retourner régler des affaires au Liban. Lina vit difficilement cette séparation. Toutes ces heures, tous ces jours loin de son époux lui paraissent interminables. Pour traverser cette période triste, elle n'a d'autre choix que de penser à l'heureux moment où elle sera enfin délivrée et pourra enfin caresser ses cinq amours. Elle s'imagine les tenant dans ses bras et leur chantant des berceuses.

Fort heureusement, Ghada est là. Comme la vie arrange tout, Ghada est en arrêt de travail à ce moment-là, ce qui la rend encore plus disponible. Elle veille Lina tous les jours et lui apporte des livres et de petites gâteries, comme des croustilles et des chocolats fins, que Lina mange en cachette, car les médecins la disputeraient sûrement s'ils savaient. Mais comment passer à travers toutes ces épreuves sans petites douceurs? Ghada ne se sent absolument pas coupable de gâter ainsi sa protégée. Une fois de temps en temps n'est pas coutume, pense-t-elle. Et ça fait du bien à Lina. C'est tout ce qui compte. Ghada lui offre ces gâteries quand elle sait qu'elle ne pourra rester auprès d'elle aussi longtemps que d'habitude ou lorsqu'elle arrive en retard. C'est sa façon de se faire pardonner et de se réchauffer le coeur du sourire de sa copine.

Tous les jours, Lina attend Ghada avec impatience. Elle connaît son horaire et n'hésite pas à s'informer de tout changement inhabituel. Combien de fois Ghada ne se fait-elle pas demander: «Mais où étais-tu? Tu es en retard...» ou d'autres questions du genre? Ghada pourrait se sentir prisonnière d'une telle surveillance, mais ce n'est pas le cas. Elle comprend fort bien que Lina s'ennuie à mourir. Pour rien au monde, Ghada ne voudrait être à sa place, c'est pourquoi elle est compréhensive et patiente avec elle. Ainsi, à se voir aussi régulièrement et à parler autant tous les jours de ces longs mois de la grossesse, les deux femmes développent une amitié sans borne. Elles ont tout le temps de se raconter leur vie, leur jeunesse, de se parler de leurs familles, de leurs amours. Les peines et les joies se découvrent et s'expriment. Évidemment, les deux acolytes passent également de longues heures à parler de la grossesse de Lina, du développement des bébés, de leur venue au monde et de leur avenir. Lina et Ghada sont devenues des soeurs. Elles se connaissent sous toutes les coutures. Il est bien loin, le temps où elles n'étaient que voisines de quartier et ne s'adressaient la parole que par politesse. Aujourd'hui, grâce à ces cinq petits enfants qui naîtront bientôt, Lina et Ghada ont vraiment appris à se connaître et, surtout, à s'apprécier. Ghada attend ces bébés comme s'ils étaient les siens. Elle partage tellement toutes les joies, les peurs et les angoisses de Lina qu'elle a parfois l'impression d'être en elle.

Thérèse est également très présente auprès de Lina. Régulièrement, si ce n'est tous les jours, sa fille Johanna et elle viennent lui rendre visite. En cachette, elles lui apportent d'excellentes pizzas, au grand plaisir de Lina. Fadi, quant à lui, procure à Lina la lecture qu'elle aime. C'est lui, le libraire. Depuis le temps qu'il connaît Lina, il sait quoi choisir: seulement des romans qui se terminent bien. À l'occasion de ses nombreuses visites au chevet de Lina, ils ne manquent pas de se parler du bon vieux temps de leur jeunesse. Toutes ces visites, toutes ces attentions de la part de ses amis et de ceux de Naji permettent à Lina de traverser ces longs mois d'attente avec une certaine sérénité.

Quand le moment de l'accouchement arrive, Lina a gagné 88 livres. Elle les aura mérités, ses bébés. Naji aussi, car la vie d'un couple est durement éprouvée dans de telles circonstances. Il faut vraiment que l'amour soit solide, car, pendant les sept mois de la grossesse et les quelques mois qui suivront l'accouchement, Lina et Naji doivent se contenter de s'aimer du regard ou par de chastes baisers et des caresses sans lendemain. Puis, un jour, enfin, c'est la délivrance.

CHAPITRE IV

LA NAISSANCE DES QUINTUPLÉS

À sept mois de grossesse, on décide de mettre les bébés au monde. C'est avec un brin d'humour que la date est choisie. La Pâques catholique arrive, bientôt suivie de la Pâques orthodoxe. Le Dr Joshi, catholique, demande à Lina de patienter encore un week-end pour lui permettre de célébrer cette fête avec sa famille. Bien honnêtement, et en taquinant Lina et Naji, le docteur farceur leur dit trouver plus agréable de célébrer Pâques avec les siens que dans une salle d'opération. Amusés, Lina et Naji ne s'y opposent pas, car ils pensent également à tout le personnel hospitalier qui sera monopolisé pour l'accouchement. Et qu'est-ce que quelques jours de plus quand on attend depuis des mois? Lina en est alors à sa 28e semaine de grossesse.

De retour du congé de Pâques, le Dr Joshi, toujours aussi taquin, annonce à Lina qu'elle peut maintenant accoucher quand elle le souhaite. Il lui suggère même de choisir le dimanche suivant, qui coïncide avec la Pâque orthodoxe, ce qui bousillerait le congé du Dr Apadolos Papageorgiou, chef de la néonatalité et futur pédiatre des bébés. Mais ce dernier ne s'en laisse pas imposer. Dès le lendemain, il prie à son tour les futurs parents d'attendre quelques jours de plus pour que lui aussi puisse profiter de son week-end en famille. C'est ainsi qu'en riant Lina et Naji acceptent encore une fois de reporter l'accouchement de quelques jours. De toute façon, chaque journée de plus dans le ventre de leur mère est très précieuse pour les petits. Cette attente supplémentaire aura mené Lina à trente semaines de gestation, ce qui est excellent. Finalement, au grand bonheur des deux médecins et du personnel médical revenus des congés de Pâques, on accouche Lina.

Elle n'oubliera jamais ce lundi 27 avril 1992. Bien qu'elle souhaite du plus profond d'elle-même être enfin libérée, Lina est très anxieuse. Le grand jour l'effraie. Le matin de l'accouchement, angoissée, elle demande, à la blague mais la voix empreinte d'une vive émotion, si on peut reporter l'accouchement. Évidemment, la réponse est non. Le processus est enclenché. L'angoisse avec laquelle Lina est aux prises ressemble à celle de l'artiste qui entre en scène. En ce lundi d'avril, Lina est l'actrice principale. Autour d'elle grouille une multitude de gens tous aussi affairés les uns que les autres. Mais, même si elle se sait entourée par une équipe médicale de renom, Lina a peur. Son sang se glace dans ses veines. Le bruit de fond des voix de tout le personnel qui va et vient autour d'elle la fait frissonner. Quatre médecins procéderont à la césarienne, plus de vingt pédiatres sous les ordres du Dr Papageorgiou verront à la santé des bébés et six ou sept médecins anesthésistes s'occuperont de Lina, sans compter les infirmières. Plus de quarante personnes gravitent autour de Lina, et ça lui fait peur. En plus, elle est consciente de tout. La scène qui se déploie sous ses yeux lui serre le coeur même si elle sait qu'on fait tout ça pour son bien. Malgré tout, pas une minute elle ne pense qu'elle pourrait mourir. Cette fois, elle croit en sa bonne étoile. Mais elle doit passer par-dessus des scènes qu'elle ne pourra jamais oublier. Lina a toutes les raisons d'être aussi nerveuse: le passé l'a marquée au fer rouge de la douleur. Le Liban, la mort...

Elle n'oubliera pas que la vie lui a repris trois bébés quelques jours seulement après qu'elle les a eu mis au monde. Ces souvenirs refont surface. Elle a peur pour ses petits. Pour la rassurer, les médecins lui disent qu'elle a 80% de chances que tous ses bébés s'en sortent. Mais comment oublier ce 20% d'incertitude qui, en temps de panique, prend des proportions gigantesques? Lina a porté cinq bébés pendant sept mois. Pour elle, il est important que chacun d'eux survive. Heureusement pour elle, malgré la complexité et la délicatesse de l'opération qu'elle doit subir, Naji, son mari, son confident, son acolyte, peut assister à l'accouchement. Jamais, au grand jamais, on n'aurait pu lui interdire d'être présent. Aussi nerveux que sa Lina, il tient à être près d'elle. Il n'aurait pu l'abandonner dans un moment aussi crucial de leur vie de couple. Jusqu'au bout, il l'a épaulée. À l'heure de la délivrance, il est là. Huit heures du matin est l'heure H.

Dès 6 h du matin, tous les amis de Lina et Naji sont à l'hôpital pour apporter leur soutien. Le bonheur se lit sur tous les visages même si certaines inquiétudes réussissent à se frayer un chemin parmi les sourires. La naissance de quintuplés représente des risques autant pour la mère que pour les bébés. Plus il y a de bébés à accoucher, plus les risques augmentent. De plus, selon l'état de son utérus, Lina devra peut-être subir une hystérectomie. Ainsi, pour éviter toute complication, Lina ne sera pas sous anesthésie générale. On lui fait plutôt une péridurale, injection qui consiste à anesthésier une partie du bassin. Une dernière épreuve pour la mère, qui, dans son état, peut difficilement prendre la position nécessaire pour qu'on lui fasse l'injection. Mais, grâce à cette anesthésie locale, Lina aura la chance d'être témoin de la naissance de chacun de ses enfants.

À 8 h 05, les médecins commencent leur intervention. À 8 h 25, le premier bébé, Joe, est retiré du ventre de sa mère. À 8 h 26 suivent le deuxième, Zeina, et le troisième, Jad. À 8 h 27, arrivent enfin le quatrième, Rami, et la petite dernière, Tina, bonne cinquième. En l'espace de trois minutes à peine, les cinq bébés sont nés.

Fidèle à lui-même, après avoir retiré le cinquième bébé, le D\u02b3 Joshi, pour détendre l'atmosphère, dit chercher le sixième. Ainsi, tour à tour, Lina l'entend dire: «Premier bébé, un garçon. Deuxième bébé, une fille; troisième bébé, un garçon. Quatrième bébé, un garçon; cinquième bébé, une fille. Et sixième bébé... je le cherche encore!»

Quand le D\u02b3 Joshi retire le premier garçon, même si elle ne ressent aucune douleur à cause de l'anesthésie, Lina sent qu'on vient de lui extraire une partie d'elle-même. Impatiemment, elle attend son cri de vie. Mais les pleurs du petit ne viennent pas. Inquiète, Lina demande alors à une infirmière libanaise pourquoi son bébé ne pleure pas. Cette dernière, pour la rassurer, lui dit qu'il a pleuré mais très faiblement. Lina n'en croit pas un mot. On ne la bernera pas. Le deuxième bébé, une fille, pleure à pleins poumons. Puis arrive un autre, qui pleure également de tout son souffle. Suit ensuite le troisième garçon, qui, comme le premier, ne daigne pas pleurer. Enfin, le dernier bébé, une fille, ne se fait pas prier pour montrer la qualité de sa voix.

Lina ne pense qu'aux deux bébés qui sont restés muets. Sont-ils morts? Personne ne lui dira mot sur la situation à ce moment. Il faut qu'elle se repose. De son côté, le médecin a immédiatement placé les deux garçons en question à part des autres poupons. Quelque chose se passe, et Lina s'en doute. En effet, ces derniers ont de graves problèmes respiratoires qui exigent une attention toute particulière du personnel médical.

Aussitôt qu'un enfant est retiré du sein maternel, il est pris en charge par le personnel infirmier, qui voit immédiatement à son bien-être. Chacun est placé dans un chariot spécial. Au contraire des autres mères, qui peuvent serrer leur tout-petit sur leur sein dès la coupure du cordon ombilical, Lina ne peut même pas voir les siens. Comme il s'agit de quintuplés prématurés, il faut qu'un personnel spécialisé prenne soin d'eux afin d'assurer leur survie.

De toute façon, même si Lina avait voulu les caresser chacun à son tour, son état ne le lui permettait pas. Immédiatement après la sortie du dernier bébé, Lina éprouve des problèmes respiratoi-res. État d'alerte. Les médecins cessent leur travail pour que Lina se repose un peu et surtout pour permettre aux spécialistes de lui donner davantage d'oxygène. Une fois qu'elle s'est remise de ce malaise, les médecins terminent l'opération. Pendant qu'on s'af-faire à prendre soin de la nouvelle maman, les enfants sont con-duits à la pouponnière. Lina, de son côté, est transférée à l'unité des soins intensifs, où elle restera environ une demi-heure, ce qui permettra aux médecins de s'assurer que tout va bien.

L'attente du verdict

Séparés de leurs nouveau-nés, Lina et Naji attendent le verdict du médecin. Leurs rejetons survivront-ils tous? Les pénibles souvenirs du passé remontent à la surface et l'angoisse se fraye un chemin. Mais Lina et Naji ne sont pas les seuls à vivre des moments émouvants. Les amis aussi sont impatients d'avoir des nouvelles de Lina et des bébés. Tous assis par terre devant l'ascenseur qui mène à la salle d'opération, ils attendent qu'on vienne enfin soulager leur anxiété. Fadi et Thérèse, qui sont si solidaires de Lina et Naji, et qui les ont soutenus au cours de ce long voyage presque périlleux de la grossesse, sont très nerveux. Un malheur qui frapperait leurs amis les abattrait tout autant. Ghada et bien d'autres amis sont également présents. Ils s'encouragent mutuellement dans l'attente.

Pendant ce temps, le personnel hospitalier, conscient du fait que la mère n'a pas pu voir ses enfants, a pensé prendre des photos des cinq petites merveilles pour les montrer à leur mère. C'est par l'entremise de ces clichés que Lina verra pour la première fois ses chérubins. Quand on lui montre ces photos, Lina ne peut s'empêcher de sourire. Elle n'en croit pas ses yeux. Ils sont si petits, tout noirs et tout entubés. À l'intérieur d'elle s'installe presque un désarroi. Mon Dieu! se dit-elle. Elle a de la difficulté à croire que ce qu'elle voit là, ce sont bien des bébés et, par surcroît, les siens. Même si chacun lui dit qu'ils sont mignons, sans le démontrer, au fond d'elle-même, elle a de la difficulté à croire ce qu'elle voit. Pour n'en rien faire voir à personne, elle dit, comme les autres, que les bébés sont bien jolis, mais, dans son coeur, elle reste marquée par spectacle qui s'offre à elle. Ce n'est que trois ou quatre jours plus tard qu'elle peut enfin voir ses petits. Quelle souffrance pour une mère que d'être clouée sur son lit et de ne pas pouvoir contempler le fruit de ses entrailles, auquel elle a sacrifié plusieurs mois de sa vie!

Ce n'est finalement que trois heures après l'accouchement que le médecin vient voir les parents pour leur confirmer que leurs cinq bébés survivront. Naji n'en croit pas ses oreilles et demande au médecin s'il est vraiment certain de ce qu'il avance. Il ne veut pas grimper au septième ciel pour se voir retomber de trop haut si l'un des bébés ne survivait pas. Il ne veut pas appeler au Liban pour annoncer la nouvelle aux membres des deux familles et devoir les rappeler et détruire leur bonheur parce qu'un des enfants ne se porte plus bien. Mais, Dieu merci, la mère et les enfants se portent très bien. Le lendemain 28 avril 1992, à 11 h 30, le Dr Papageorgiou, pédiatre des enfants, et le Dr Joshi, en conférence de presse à l'Hôpital général juif de Montréal, annoncent au Québec tout entier qu'ils ont, avec leur équipe, réussi à mettre au monde et à maintenir en vie les premiers quintuplés québécois nés de parents libanais. Trop ému et impressionné par les événements, Naji qui parle le français et l'anglais, n'a pas pu dire un seul mot aux journalistes présents.

Une bénédiction du ciel

Lina, très fatiguée et encore mal en point, remercie le Seigneur. Naji, de son côté, est comme un bambin heureux d'un nouveau cadeau. Le nombre d'enfants lui importe peu. Il y en aurait eu six ou sept qu'il aurait accepté avec philosophie et sagesse les événements sans se tourmenter pour autant. Habitué aux grandes familles, Naji n'est pas inquiet. Dans son pays, on dit que, lorsqu'un bébé vient au monde, il apporte avec lui tout ce dont il aura besoin dans sa petite vie. Aux yeux de Naji, le Seigneur envoie tout en temps et lieu. S'Il envoie deux enfants, Il fournit la dot nécessaire pour deux; s'Il en envoie plus, Il ajuste en conséquence. Ainsi, Lina et Naji considèrent que leurs cinq bébés sont placés sous la protection du ciel. Déjà, le Seigneur les a choyés en les confiant à un personnel médical hautement qualifié qui a pris soin de Lina avec brio et a mis au monde les bébés en les sauvant tous.

Dès les premières heures de vie des enfants, Naji fait la navette entre le chevet de sa femme et la pouponnière, où une vingtaine de pédiatres s'occupent des bébés. Devant ce tourbillon d'activité, il ne peut s'empêcher de penser combien il est redevant au gouvernement canadien de lui avoir offert l'asile, permettant ainsi à ses enfants de naître et de survivre. Il ne peut pas tenir en place. Il veut être avec tout son petit monde à la fois: Lina dans sa chambre et les bébés dans leur pouponnière. Il est heureux. Dès qu'il a la confirmation de la bonne santé des enfants, il s'empresse d'appeler au Liban pour annoncer la nouvelle. Les grands-parents sont fous de joie.

Naji est remué par toutes ces émotions. Quand il s'est retrouvé seul avec Lina après l'accouchement, il l'a regardée dans les yeux et n'a pu que lui dire, avec émotion: «On en a cinq.» Il a peine à croire que ces cinq poussins, si frêles, si fragiles, sont ses enfants. Il les trouve magnifiques. Il les aime déjà sans même les connaître. Ils sont le sang de son sang, le reflet de son amour pour sa Lina.

Toujours en convalescence, Lina tente de prendre du mieux. Elle ne peut toujours pas bouger à cause de sa cicatrice et parce qu'elle est encore trop enflée. Ainsi, c'est en chaise roulante qu'elle se rend, dès qu'elle le peut, à la pouponnière voir, enfin, ses bébés. Pas une fois encore, elle ne les a vus. Pendant ces jours d'abstinence, elle a dû prendre son mal en patience. Mais Lina est une femme sage. La seule fois de sa vie où elle n'a pas accepté l'évidence, c'est quand elle a voulu avoir des enfants et que les choses ne se déroulaient pas comme elle le souhaitait. Alors, là, elle a foncé et abattu les obstacles les uns après les autres. Quand elle sait qu'elle peut agir, qu'elle peut utiliser l'escalier de secours quand l'ascenseur est en panne, Lina met tout en oeuvre pour atteindre ses buts. Mais, quand elle sait qu'il n'y a rien à faire, elle l'accepte. Aujourd'hui, ses efforts sont récompensés: elle voit enfin ses cinq enfants.

Cependant, pour de nombreuses raisons, Lina ne peut allaiter ses enfants. Tenter cette aventure exigerait trop d'énergie. De plus, Lina quittera l'hôpital avant ses chérubins, qui doivent y demeurer au moins deux mois. Alors, on peut facilement imaginer tout ce que l'allaitement aurait demandé comme efforts et comme planification. Lina n'est pas suffisamment en forme pour entreprendre un tel exploit et elle ne veut absolument pas n'en nourrir qu'un ou deux sur cinq. Elle veut que chacun de ses enfants reçoive une juste part de tout.

L'accouchement des merveilleux quintuplés a été filmé afin que les enfants, comme les parents, puissent garder un souvenir de ce merveilleux moment qui est maintenant inscrit dans l'histoire. Toutefois, Lina n'aime pas visionner le vidéo, car cela la rend nerveuse. Malgré les conditions parfois pénibles auxquelles elle a dû s'astreindre, Lina conserve un bon souvenir de sa grossesse et de son accouchement, mais il n'en demeure pas moins que l'angoisse qu'elle a vécue pendant tout ce temps est imprégnée dans son coeur.

Lina et Naji ont vécu une merveilleuse aventure, l'aventure de la conception et de la naissance de leurs cinq bébés. À deux, côte à côte, ils ont surmonté d'innombrables épreuves pour enfin arriver à bercer leurs petits. Pendant tout ce voyage vers la vie, Lina et Naji ont compris que, pour continuer à être heureux, il leur fallait, immédiatement et pour toujours, apprendre à vivre au jour le jour. Ce mode de vie est, selon eux, la clef du bonheur qui les empêche de chavirer dans l'inquiétude et l'insécurité.

CHAPITRE V

LE SÉJOUR DES BÉBÉS A L'HÔPITAL

Arrive enfin le jour où Lina est prête à quitter l'hôpital. Après une convalescence d'environ dix jours, les médecins considèrent que la nouvelle maman est suffisamment rétablie pour reprendre le chemin de la liberté. Dieu soit loué! Enfin, Lina se retrouvera chez elle, dans un décor qui lui ressemblera et qui lui réchauffera le coeur. Après avoir été aussi longtemps éloignée de son mari, elle pourra enfin goûter sa présence jour et nuit, et dormir à ses côtés. Même si elle y a été traitée avec grande bonté, Lina est impatiente de quitter l'hôpital. Cet empressement est également justifié par sa préoccupation de bien préparer l'arrivée des bébés à la maison. Il y a tellement de choses à penser que Lina n'aura pas trop des quelques semaines que les enfants doivent encore passer à l'hôpital pour tout régler. En plus de toutes ces occupations, Lina se rend tous les jours à l'hôpital pour y voir ses bébés. Elle et Naji s'y rendent deux fois par jour, le matin et l'après-midi. Ils y demeurent de longues heures à contempler leurs petits, les touchant du bout de leurs doigts. Selon les médecins, il est important pour les nouveau-nés que leurs parents leur parlent et les touchent; il doit s'établir un contact entre les bébés et eux.

Zeina, Jad et Tina, les trois plus forts, peuvent même à l'occasion passer quelques moments dans les bras de leurs parents, mais quelques minutes seulement. Mais quel sentiment pour Lina et Naji de pouvoir enfin sentir leurs bébés blottis dans le creux de leurs bras! Joe et Rami ont également droit à ce traitement de faveur, mais ils doivent demeurer dans leur sac à oxygène. Quelle sensation de tenir d'aussi petits êtres dans leurs bras! Quand un parent se voit remettre dans les bras son nouveau-né de six ou sept livres, plus souvent qu'autrement, il se sent gauche. Alors, on peut imaginer ce que pouvaient ressentir Lina et Naji quand ils prenaient leurs bébés, qui ne pesaient que trois livres environ.

Quand ils se retrouvent avec leurs petits, Lina et Naji se parlent à haute voix pour être entendus des enfants. Ils observent leurs rejetons et se demandent comment ils seront en grandissant. Pour s'amuser, se fiant à leur comportement, ils émettent différentes hypothèses. Joe, par exemple, pleure toujours quand on le touche. Les quatre autres, eux, dorment à poings fermés. Lina est convaincue que Joe ne se sent pas bien et que c'est pour cette raison qu'il pleure tout le temps. Ainsi, pour tenir compagnie à leurs petits, Lina et Naji rêvent tout haut de leur vie, de leur bonheur. Lina prend plaisir à rappeler à ses bébés les discours qu'elle leur tenait quand ils étaient encore dans son ventre. Elle leur chante les chansons qu'elle leur chantait. Mais à qui parler quand on a cinq bébés dans son ventre? À tous à la fois puisqu'on ne sait pas qui est qui, de dire Lina. Et à quoi pense-t-on quand on porte cinq bébés? Les questions habituelles ne se posent plus. On sait à coup sûr que, sur le nombre, il y en aura au moins un qui nous ressemblera et qu'il y aura sûrement des garçons et des filles. Dans toutes ses spéculations de la grossesse, ce que Lina souhaitait avant tout, c'était qu'aucun de ses bébés n'ait sa bouche. Honnêtement, elle souhaitait qu'ils ressemblent à Naji en tout, mais qu'ils aient ses yeux à elle. Voilà qui l'aurait rendue heureuse. Mais, à leur naissance, les bébés étaient si petits qu'il était impossible de se prononcer sur les ressemblances paternelles ou maternelles. Ce n'est que près de deux mois plus tard, à l'âge gestationnel de neuf mois, quand ils ont tous été sortis de leurs incubateurs, qu'on a pu commencer à vérifier toutes ces hypothèses.

L'apprentissage de Lina

En plus d'établir un contact avec ses rejetons, pendant le séjour des bébés à l'hôpital, Lina doit également apprendre à changer une couche sans sortir le bébé de son incubateur. Jad est le premier qui aura droit à ce traitement de faveur. Lina ne croit pas qu'elle va y arriver. Il est si petit, si fragile. Les mains aussi nerveuses qu'une feuille de tremble, elle réussit malgré tout ce tour de force. Quelle agréable sensation pour Jad que de sentir la douceur des mains de sa maman! Des mains empreintes d'amour et de gentillesse. Lina doit apprendre et perdre sa crainte, toute légitime, de manipuler des enfants aussi petits. Un jour, ses cinq amours seront dans leur propre chambre à la maison et il faudra qu'elle sache prendre soin d'eux; elle doit donc surmonter sa peur de les briser comme s'ils étaient de fragiles petites porcelaines de faïence.

Le temps passe. Maintenant, trois des poupons ont quitté l'incubateur pour voler de leurs propres ailes. Lina devra affronter de nouvelles peurs et les vaincre, comme les précédentes. Un défi de taille attend maman. Elle doit maintenant apprendre à leur donner un bain. «Si vous saviez comment s'est déroulé le premier bain que j'ai donné, de dire Lina en riant. Tenir une si petite tête hors de l'eau, commencer par les yeux et descendre progressivement. Ah! là! là!» Quelle expédition pour maman, qui se sent encore une fois tellement maladroite à manipuler un si petit corps. Ainsi, si Jad a été le premier à faire changer sa couche par maman, Zeina a été la première à se faire donner un bain. Aujourd'hui, il est bien loin, le temps du manque de confiance. Maman a bien appris ses leçons. Après les couches et les bains, c'est au biberon qu'elle doit s'attaquer. Tina sera l'heureuse élue. Elle a été la première à prendre sa bouteille dans les bras de maman. Quelques petites tapes dans le dos, et un petit rot de satisfaction indique à maman qu'elle a bien accompli sa mission. Tina est repue et pourra ainsi se laisser glisser confortablement dans les bras de Morphée. Ainsi, pendant le séjour des bébés à l'hôpital, maman apprend progressivement son rôle de mère grâce au soutien du personnel des plus qualifiés et attentifs. En même temps qu'elle fait cet apprentissage, Lina prépare également l'arrivée des enfants à la maison.

Préparer l'arrivée des bébés

À cette période, Lina et Naji n'ont toujours pas trouvé de domicile où s'installer. Naji habite chez Fadi, et Lina chez Ghada. Ils s'appliquent à dénicher un logement qui conviendra. Certaines exigences sont à respecter. Il faut trouver un endroit qui soit près du travail de Naji, ce qui économisera beaucoup de temps en transport, et il faut habiter près des amis, qui viennent les aider dès qu'ils ont une minute. Finalement, ils éliront domicile dans un logement de cinq pièces et demie d'un immeuble du boulevard de l'Acadie, à Montréal. Ils habiteront dans le même édifice que Fadi. Le nombre d'enfants à loger n'est pas un problème pour Lina et Naji en ce sens que le propriétaire de l'édifice est très fier d'abriter les célèbres bébés et leurs parents.

Une fois l'appartement trouvé, il faut encore penser à utiliser l'espace intelligemment. La pièce maîtresse sera définitivement la chambre des bébés. Ainsi se sont dressées tout autour de la pièce cinq bassinettes qui doivent accueillir chacune un bébé. Mais comment arriver à défrayer les coûts inhérents à l'installation de ces cinq bébés? Rien qu'à penser aux dépenses à envisager, il y a de quoi s'arracher les cheveux. Fort heureusement, plusieurs compagnies sont venues en aide aux bébés Abikhalil et à leurs parents, qui ont reçu énormément de cadeaux: meubles pour les tout-petits, nourriture, lait maternel, produits hygiéniques, céréales, vêtements... Grâce à Dieu! Lina, quant à elle, possédait également du linge de bébé qu'elle avait acheté lors de sa première grossesse.

Deuxième pièce maîtresse du domicile, la salle de jeux. En effet, le salon et la salle à dîner sont des pièces adjacentes, sans séparation murale. Ces deux pièces sont ainsi converties en une grande pièce où se trouvent deux divans, une table et quelques fauteuils, au centre desquels les bébés pourront s'ébattre à leur guise lorsque viendra le temps de ramper et de marcher. La troisième pièce d'importance de la maison est la chambre des maîtres. Réservée à papa et à maman, cette pièce est le seul repaire d'intimité de Lina et Naji. Très tard le soir, les amoureux peuvent s'y retrouver. Une autre chambre permet de garder à coucher certaines personnes venues donner un coup de main à la maisonnée, telle la mère de Lina, qui est venue aider sa fille les deux premiers mois après la sortie des enfants de l'hôpital.

Ainsi, les semaines de préparation, d'installation et d'apprentissage des soins se déroulent dans la paix pour les parents. Les amis du couple les soutiennent énormément. Fadi, qui est installé au Québec depuis nombre d'années, leur est d'un précieux secours et d'un grand réconfort. C'est pourquoi Naji ne cesse de répéter que, sans amis, on ne peut rien faire. Lina, de son côté, récupère au fil des jours. Pour l'instant, elle sait que ses petits sont entre bonnes mains à l'hôpital. Ils sont placés les uns à côté des autres dans la pouponnière. Comme ils n'ont pas encore reçu de nom, on les appelle bébé 1, bébé 2, ou encore bébé A, bébé B, bébé C... Chaque enfant a deux infirmières pour prendre soin de lui. Ces dernières font une rotation et se relayent. De cette façon, les enfants, toujours soignés par les mêmes infirmières, peuvent, eux aussi, mieux s'adapter et se sentir en confiance.

Chaque jour, Lina demande au Dr Papageorgiou quand les bébés sortiront de l'hôpital, et, chaque jour, ce dernier lui répond que le temps n'est pas encore venu. Sachant fort bien ce qui attend la nouvelle maman, le Dr Papageorgiou s'empresse également de dire à Lina qu'elle ne perd rien pour attendre. Puis, le jour du grand départ arrive. Maintenant en forme, les bébés sont fin prêts à se joindre au noyau familial. Maman attend cet instant depuis longtemps. Elle a énormément hâte de ramener ses ouailles au bercail et de se retrouver avec tout son petit monde dans son foyer. Enfin finies les balades entre le domicile et l'hôpital.

Un défi de taille à relever

Après l'arrivée des bébés à la maison, Lina sait qu'elle devra demeurer constamment chez elle. Mais elle se sent prête. Sa mère, Hana, quitte son Liban d'origine pour venir la rejoindre. Elle a elle-même élevé plusieurs enfants et elle sera le bras droit de Lina et un soutien moral incommensurable pour sa fille, qui en est à sa première expérience de mère. Bien épaulée par sa mère, Lina se sent d'attaque. Elle est prête à relever le défi, et c'en est tout un qui l'attend. Elle dit en riant: «Avec maman près de moi, qu'ils arrivent maintenant, les bébés. Je suis prête et je n'ai pas peur.» C'est ainsi que, le 26 juin 1992, les quintuplés obtiennent leur congé. Entourés de nombreux amis venus leur donner un coup de main, c'est avec éclat qu'ils font leur sortie, car un tel événement n'allait pas passer inaperçu. La presse est au rendez-vous. On est curieux, on veut tout savoir: comment ferez-vous? que ferez-vous? combien de couches? de biberons? etc. Les questions affluent de toutes parts. Lina et Naji, très réservés, se sentent très gênés de se retrouver ainsi sous les feux des projecteurs à devoir répondre à autant d'interrogations.

C'est ainsi qu'âgés d'à peine deux mois les quintuplés Abikhalil sont devenus des vedettes en landau. Le jour de leur sortie de l'hôpital, le 26 juin 1992, dans les bras de cinq des infirmières qui s'étaient occupées d'eux pendant leur séjour à la pouponnière, les bébés ont fait leur entrée dans la grande salle de conférence bondée d'amis, de journalistes, d'employés de l'hôpital et de nombreux curieux. Et pour cause, ce n'est pas tous les jours qu'on entend parler de quintuplés. «Dieu qu'ils sont beaux!» n'a pu s'empêcher de dire Lina quand elle les a tous vus arriver! Dieu qu'elle était fière! Les journalistes s'arrachaient les petites vedettes, chacun voulant croquer la photo du siècle. Mais, malgré l'atmosphère de fête qui régnait, il a fallu faire vite, car tous ces gens autour des bébés, les lumières des caméras et le bruit ambiant auraient pu les fatiguer. C'est pourquoi les médecins ont décidé de couper court aux présentations et de permettre aux parents de rentrer chez eux. Pour ce faire, trois camionnettes ont été nécessaires, qui ont permis de transporter les bébés et les amis venus aider les parents qui n'avaient pas suffisamment de bras pour suffire à la tâche.

Une nouvelle vie attend Lina et Naji. Une page de leur histoire vient de se tourner. La vie de famille va vraiment commencer.

CHAPITRE VI

L'ARRIVÉE DES BÉBÉS À LA MAISON

Papa, maman, les cinq bébés et grand-maman Hana sont maintenant réunis. Pour assister Lina et sa mère dans leurs tâches, le CLSC de sa localité lui a accordé de l'aide. Ainsi, le soir, des infirmières viennent prendre la relève des parents afin que ces derniers puissent dormir pour reprendre de plus belle le lendemain. Il est important d'être en forme pour fournir à tous ces petits oisillons l'amour, l'attention et les soins dont ils ont besoin.

La première nuit à la maison a toutefois été mouvementée. Désorientés, les bébés s'en sont donné à coeur joie pour interpréter un magnifique concert à leurs parents complètement décontenancés d'entendre autant de marmots pleurer en même temps. Évidemment, personne dans la maison n'a dormi. Par-delà les pleurs des enfants, Lina est aussi inquiète pour Joe et Rami, qui avaient éprouvé des problèmes pulmonaires à leur naissance. Mais elle est vite rassurée par les infirmières, qui sont hautement qualifiées. Lina doit comprendre qu'elle a besoin de repos et que, s'il advenait quoi que ce soit, l'infirmière de garde l'en avertirait aussitôt. Ainsi, tout le temps que la mère de Lina est demeurée auprès d'elle et des petits, personne d'autre que ces deux infirmières n'est venu. Toutefois, quelque temps avant le départ de grand-maman, des techniciennes en garderie, Élisabeth Dupont et Ghislaine Pérodin, ont graduellement pris la relève des infirmières. Élisabeth travaillait les soirs de semaine et Ghislaine, les week-ends.

Le premier matin où Lina se retrouve avec sa petite famille, elle doit dresser un plan avec sa mère pour améliorer leur méthode de travail. Ainsi, grand–maman donne les bains et maman habille ses chatons. Ceux qui ont à prendre leurs bouteilles de lait la prennent et ceux qui doivent aller au lit y vont.

Au début, les biberons se dégustent agréablement dans les bras de quelqu'un, mais, à mesure que les bébés grandissent, les techniciennes recommandent qu'on les habitue vite à boire au lit. À la longue, c'est un peu dur pour les épaules et le dos de maman, de grand–maman et parfois de papa, qui donne aussi un coup de main, de tenir sans cesse un bébé pour lui donner son biberon. Au début, chacun des bébés fonctionne à son rythme. À son réveil, il suit les étapes: bain, biberon, amusement, sieste. Mais c'est l'effet domino: quand l'un se réveille et pleure, un autre le suit et ainsi de suite. Donc, même après un an, Lina ne fait toujours pas toutes ses nuits parce que la technicienne de nuit ne peut souvent pas suffire aux besoins des bébés, qui se réveillent pour différentes raisons. Même si cela n'arrive pas toutes les nuits, quand trois bébés ont des exigences nocturnes en même temps, maman n'a d'autre choix que d'accourir à la rescousse.

Naji, heureux papa, aime beaucoup ses enfants. Humoriste à ses heures, la première nuit où sa ribambelle de bébés se retrouve sous son toit à pleurer en coeur, il trouve le moyen de blaguer. Pour détendre l'atmosphère, il s'écrie haut et fort: «Oh! mais vous entendez bien tout ce que l'on a!» Naji cajole beaucoup ses enfants. Il n'aime pas entendre un de ses petits pleurer. Selon Lina, Naji sera du genre papa gâteau et aura de la difficulté à dire non à ses ouailles. Quand les enfants étaient à l'hôpital, il a, lui aussi, appris à leur donner les soins de base, mais son travail très exigeant le tient très souvent loin de sa famille, ce qui l'empêche de se consacrer comme il le voudrait à son rôle de père. Quand il est là, cependant, il joue beaucoup avec les enfants. C'est sa façon de participer. Ainsi, par exemple, pendant que l'on donne le bain à un bébé, Naji voit à ce que les autres patientent dans la bonne humeur. Il est d'ailleurs très habile à endormir les bébés et jamais il ne refuse de se lever la nuit quand c'est nécessaire.

Face à la réalité

Lina ne croyait pas que l'arrivée des cinq bébés à la maison aurait été aussi difficile. Elle se doutait bien que s'occuper de cinq enfants représentait beaucoup de travail, mais elle aurait jamais pensé la tâche aussi imposante, malgré toute l'aide reçue. Ainsi, quand sa mère repart auprès de sa famille au Liban, Lina reçoit l'aide des deux techniciennes qu'elle connaît déjà, Élisabeth et Ghislaine, et de trois autres prénommées Tamanic, Sophie et Constanta.

Au dire de Ghislaine, les nuits sont tout aussi occupées que les journées, car, à deux mois à peine encore, les bébés ne faisaient pas leurs nuits. Le fait que les cinq bébés dorment dans la même chambre complique aussi les choses, car ils se dérangent mutuellement. Ainsi, les premiers mois, quand un bébé se mettait à pleurer, pour le calmer au plus tôt afin qu'il ne réveille pas tous les autres, on avait pris l'habitude de lui donner un biberon. Si chacun des enfants, comme le dit Ghislaine, avait été dans une chambre à part, il aurait été plus facile de parfois les laisser pleurer quelques minutes pour éliminer certains caprices. Mais, dans les circonstances, il est compréhensible qu'on les ait habitués à boire la nuit. Ainsi, aussi longtemps que cette habitude n'est pas changée, il faut faire la navette dans la chambre des bébés pour donner des biberons. Évidemment, toute cette consommation de lait entraîne des changements de couches. Pour ainsi dire, les nuits de Ghislaine sont très occupées à donner des biberons et à changer des couches. Un autre point important qui peut justifier le comportement des enfants, c'est qu'ils sont manipulés par différentes personnes. Maman est là en permanence, mais, le jour, il y a un roulement de personnes d'accompagnement, et chacune a sa façon d'agir. Cela demande donc aux enfants de s'adapter aux exigences de chacune, ce qui nécessite un certain temps. Lina ne pourrait suffire seule à la tâche, mais il n'en demeure pas moins que le roulement de personnel affecte d'une certaine façon le comportement des bébés. Finalement, en femme expérimentée qu'elle est, Ghislaine finit par trouver la solution pour ramener un certain équilibre dans ces nuits mouvementées. Elle décide de baigner les enfants le soir avant leur dodo. Probablement davantage relaxés après avoir passé de longues minutes à jouer dans l'eau, les enfants ont un sommeil beaucoup plus réparateur et détendu. L'heure du bain — ou plutôt les heures des bains, puisqu'il faut près de trois heures pour baigner et coucher toute la marmaille — est très agréable pour les bébés, mais combien fatigante pour la personne qui leur donne. Ainsi penché au-dessus de la baignoire, le dos est fortement sollicité. Pendant qu'une technicienne prend soin des petits les uns après les autres, maman joue avec ceux qui attendent leur tour, histoire de faire passer le temps et de calmer ces petits canards qui ont bien hâte que leur tour arrive. Lina adore jouer avec ses bébés. Dès qu'elle se couche sur le tapis au milieu de la salle de jeu comme une mère chatte, il faut la voir être envahie par ses chatons qui la piétinent, la mordillent, la caressent, lui donnent des bisous mouillés, tentent de lui arracher le nez et quoi encore. Ils sont cinq autour d'elle à se créer des instants inoubliables. Ces parcelles de bonheur sont précieuses pour Lina. Elle les adore tous, chacun tout aussi différent qu'il soit. Elle joue avec eux comme si elle était elle-même une enfant. Elle aime bien leur chanter de belles chansons dans toutes les langues et leur faire écouter de la musique. Plus souvent qu'autrement, on parle français aux enfants. Élisabeth et Ghislaine sont d'origine haïtienne et parlent un excellent français. Évidemment, l'arabe est également présent ainsi qu'un peu d'anglais. Après s'être repus de jeux, bien propres d'un bon bain rafraîchissant, les chérubins sont maintenant prêts pour leur dodo.

Du temps qu'ils prenaient leur bain le matin, une sieste suivait la baignade. Pendant ce temps, Élisabeth et maman rangeaient la maison et préparaient le dîner, car, au réveil, comme des petits oisillons dans leur nid, les bébés ouvrent grand le bec pour être rassasiés de bonne nourriture. Dieu que maman, Élisabeth et Ghislaine cuisinent bien, semblent dire ces petits affamés. Si, pour les bébés, le dîner est une période agréable, pour Lina et Élisabeth ou Ghislaine, c'est du sport. Il faut au moins être deux pour arriver à temps et éviter les cris des enfants qui réclament leur dû. Et vogue la galère de la cuillère qui se promène d'une bouche à l'autre.

Pour maman et son aide de jour, une journée 9 à 5 se déroule ainsi: lever des bébés, les faire déjeuner, les baigner, préparer le dîner lorsqu'ils dorment, leur donner à dîner et les amuser l'après-midi. Quand le quart de soir débute, à 17 h avec l'arrivée de Ghislaine, la soirée se déroule ainsi: préparer le repas du soir, faire manger les bébés, les amuser et les préparer au dodo, jusqu'à ce que Ghislaine décide de leur donner leur bain du soir. Ainsi, ces journées entières sont consacrées à bien soigner les bébés, à les amuser et à les aimer pour les rendre heureux. Mais, en plus de tout ça, jusqu'à l'âge d'environ sept mois, comme ce sont des prématurés, Élisabeth et Ghislaine doivent tout noter sur des feuilles de statistiques. Il faut calculer tout ce qu'ils mangent, ce qu'ils boivent, les changements de couches tant pour les selles que pour les petits pipis, etc. Ces informations sont essentielles pour le médecin qui suit les enfants.

Dans la première année de leur petite vie, même si les bébés raffolaient d'aller dehors respirer le bon air, il était très rare que maman les y amenait. Et pour cause. Comment aurait-elle pu, avec seulement deux bras, voir à la sécurité de cinq bébés en même temps? Toutefois, quand il y avait suffisamment d'adultes présents en même temps dans l'appartement, c'était jour de fête pour les quintuplés. Chacun se voit attribuer son bébé et doit préparer son protégé pour une agréable balade. Quand on sort les vêtements d'extérieur, les bébés le savent et ils deviennent tout excités. Ils ont hâte d'aller contempler la vie au dehors. Il y a tellement de choses à voir: les gens, les arbres, les voitures, les oiseaux qui font pit-pit. Comme c'est intéressant, semblent-ils dire par leurs regards captivés. En été, on organise un pique-nique dans le parc non loin de la maison. Quelle histoire, ces petits rassemblements autour d'une grande couverture étendue sur la pelouse. Personne ne passe inaperçu. Les cinq bébés souriants et heureux attirent l'attention, et, évidemment, on les reconnaît. Ainsi, si les bébés se plaisent à gazouiller libres comme l'air dans un grand parc, ceux et celles qui les accompagnent sont quant à eux bombardés de questions. Les plus fréquentes ont rapport au sexe des enfants, à leur état de santé, à l'organisation nécessaire pour leur entretien, etc.

Dès avril 1993, alors que les bébés ont un an, ils peuvent sortir plus régulièrement. En effet, sept jeunes étudiantes du collège Vanier de Montréal, qui se spécialisent en technique de garderie, sont mandatées pour effectuer leur stage de formation pratique chez Lina plutôt que dans une garderie. Ces anges gardiens, qui viennent par groupes de quatre, plus une maman, voilà un nombre de bras suffisant pour que chaque enfant bénéficie d'une surveillance permanente. Nancy, Maria, Dina, Tammy, Saby, Vida et Peggy n'oublieront jamais leur séjour auprès des quintuplés.

Selon Élisabeth, Lina est très attachée à ses enfants. Elle ne peut s'absenter de la maison sans placer un coup de fil pour s'informer si tout va bien. Elle n'hésite pas à dire en souriant que Lina est le type parfait de la mère poule qui s'inquiète de façon excessive dès qu'un de ses petits a de la fièvre ou un autre malaise. Un jour, de raconter Élisabeth, alors que Zeina s'était blessée légèrement à la bouche en essayant de faire ses premiers pas, Lina était complètement bouleversée. C'est alors qu'Élisabeth, qui en avait vu bien d'autres, lui expliqua qu'il était tout à fait normal qu'en tentant leurs expériences les bébés se fassent mal. Selon Élisabeth, l'inexpérience de Lina est une des raisons de ses inquiétudes. Au fil des jours, des mois et des années, elle a appris à faire la juste part des choses.

Une période grise à traverser

Bien qu'elle s'amuse grandement avec sa ribambelle de bébés, plus les enfants grandissent et plus Lina trouve sa tâche ardue. Quand les bébés étaient tout petits, elle pouvait en porter deux à la fois pour le biberon ou les prendre dans leur lit, mais, maintenant que les chérubins ont grandi, ça lui est impossible. Lina savait que sa vie allait changer du tout au tout avec l'arrivée des bébés, mais elle n'aurait jamais cru que la réalité allait être aussi difficile. Elle ne fournit pas à la demande. Moralement, c'est très pénible pour elle. Elle est stressée et se voit confinée à longueur de journée à ne changer que des couches, à baigner les petits et à donner des biberons. Lina pleure beaucoup en silence. Elle s'interroge sur ses capacités d'aller jusqu'au bout de l'aventure qu'elle a elle même souhaitée pendant de si nombreuses années. Cinq bébés, c'est plus que ce qu'elle avait désiré et elle se demande si elle sera à la hauteur. Tout un défi se dresse devant elle et l'absence fréquente de son mari, qui doit redoubler d'ardeur au travail pour subvenir aux besoins de son petit monde, est très pénible pour elle. Le soir, lorsqu'elle se retrouve seule dans sa chambre, le temps est lourd. Lina se sent terriblement esseulée, elle qui n'avait jamais pensé un jour seulement vivre loin des siens, loin de son village. Très reconnaissante à tous les amis qui l'aident et au pays qui l'a accueillie, il n'en demeure pas moins que, dans ces moments de découragement, Lina s'ennuie des siens. Sa tête est au Québec, mais son coeur restera toujours auprès de sa famille, au Liban. Comme le disait Ghislaine, qui a eu beaucoup de temps pour parler avec Lina, pour que cette dernière soit vraiment heureuse, il faudrait que sa famille vienne la retrouver ici au Québec. De cette façon, Lina ne serait plus déchirée entre les deux pays, car le seul lien qui la rattache au Liban est sa famille. Éloignée des siens et dotée d'un esprit de famille particulièrement fort, Lina regrette que ses enfants ne grandissent pas près de leurs grands-parents. Toujours inquiète de savoir encore combien de temps son père et sa mère vivront, elle ne voudrait surtout pas que ses enfants ne se souviennent pas de leurs aïeuls.

Ghislaine est un très grand soutien moral pour Lina, qui lui fait entièrement confiance. En effet, Ghislaine n'en est pas à ses premiers pas avec des bébés, et Lina aime apprendre d'elle. Nouvelle maman sans expérience, elle a parfois peur d'essayer des choses nouvelles avec ses enfants. Ainsi, quand arrive le temps d'introduire de nouveaux aliments ou de nouvelles textures dans l'alimentation des enfants, Ghislaine le fait une première fois. Lina regarde et apprend. Selon Ghislaine, comme beaucoup de jeunes mères, Lina avait peur de faire passer les enfants des purées de céréales à de la nourriture plus consistante et nourrissante. Les dix-huit ans de carrière de Ghislaine comme technicienne en garderie compensent pour l'inexpérience de Lina. Avec Ghislaine, celle-ci se sent en pleine confiance. Quand Ghislaine dit qu'il faut consulter le médecin pour tel ou tel symptôme, Lina la croit.

Lorsqu'elle lui dit qu'il n'y a rien d'alarmant, elle la croit tout autant.

Dans tous ces hauts et ces bas, Lina a l'entier soutien de son mari. Pour l'aider à tenir bon et à prendre confiance en elle, Naji rappelle à sa Lina combien ils ont tous les deux souhaité ardemment avoir des enfants. Il n'hésite pas à lui rappeler tout le temps qu'elle a déjà investi en visites chez le docteur pour recevoir ses traitements. Il ne cesse de lui rappeler toute la persévérance dont elle a fait preuve. Aussi engagés tous les deux, ils ne peuvent plus reculer. Il faut continuer à grandir, à aller de l'avant. Naji sait que Lina est capable d'aller jusqu'au bout de ce qu'elle a entrepris. Il ne cesse de lui en faire la preuve et, surtout, il ne cesse de croire en Dieu. Dans le creux de l'oreille, il aime lui rappeler que ce que Lina veut... Dieu le veut. Tout au long de sa jeune vie, depuis qu'elle est unie à Naji, Lina a toujours senti que son homme la soutenait, qu'il la comprenait et qu'il était près d'elle. Encore plus dans cette période difficile d'après l'accouchement, Naji est là pour lui témoigner combien il admire son courage, car il en faut du courage pour s'occuper de cinq bébés à la fois.

Après la pluie, le beau temps

Ainsi, Lina a traversé cette période grise pour en ressortir encore plus forte. Aujourd'hui, quand elle regarde ses cinq petits, elle ne peut que penser au passé: qui aurait dit qu'un jour j'aurais cinq bébés bien à moi? Quand elle regarde ses enfants, parfois, elle prend conscience que les cinq bébés qu'elle voit sont à elle, bien à elle, comme si elle devait se pincer pour s'assurer qu'elle ne rêve pas. Même si elle a trouvé très intimidant et énervant de s'adresser aux médias, elle a été très fière de voir que ses rejetons faisaient la une. Toutes les coupures de journaux ou de revues ont été précieusement conservées dans des albums afin que les enfants puissent les regarder quand ils seront plus vieux.

Le père de Lina, très fier de sa fille, n'en revient tout simplement pas, lui non plus. Un jour il a dit à Lina: «Qui aurait cru qu'un jour tu aurais cinq bébés, que tu partirais au loin pour le Québec et que tu serais à la une des médias? Qui aurait pensé que ma fille allait être connue?» Pour lui, ce qui arrive à sa fille est comme un rêve. Lina aussi a peine à croire qu'elle ne vit pas un rêve. Malgré les efforts qu'elle a dû déployer, elle considère ses petits comme un cadeau de Dieu. Elle en a demandé un, Il lui en a envoyé cinq.

La venue de ces cinq bébés aura permis à Lina de faire de merveilleuses découvertes. Elle a pris conscience de sa force intérieure, elle a découvert en son mari un homme réconfortant qui lui a prouvé maintes fois son amour, elle a rencontré des gens fantastiques qui ont bien pris soin d'elle et avec qui elle a noué de nouvelles amitiés très sincères. Que de richesses! Élisabeth, Ghislaine, Ghada, sans oublier Mimi... Si Ghada et Thérèse étaient les compagnes de grossesse de Lina, Mimi Sayegh est vite devenue sa confidente à l'arrivée des bébés chez eux. C'est par l'entremise d'amis de Fadi que Lina et Mimi se sont rencontrées. Mimi, May de son vrai nom, est fascinée par les bébés et par l'histoire de Lina et Naji. D'une gentillesse indiscutable, elle n'hésite pas à aider cette petite bonne femme qui en a drôlement besoin. Ainsi, petit à petit, de jour en jour, de coup de main en coup de main, s'établissent des liens d'amitié profonds entre les deux femmes. Tous les jours, Mimi vient voir Lina et ses bébés. Ensemble, elles prennent soin des enfants. Au début, quand les enfants sont plus jeunes et passent de longues heures à dormir, elles en profitent pour se raconter leurs vies. Par la suite, les enfants grandissent, et les conversations font place aux jeux avec les petits. Pour Mimi, les bébés sont comme les siens. Lorsque Joe a été malade, elle s'est rendue à la pharmacie tous les jours pour lui procurer des médicaments spéciaux pour ses poumons. Lina découvre en Mimi une femme d'une générosité sans borne. Mimi, quant à elle, découvre en Lina une femme exceptionnelle dotée d'une grande force intérieure, une femme sensible qui cache à l'intérieur d'elle-même tout ce qu'elle ressent. Au dire de Mimi, pour détecter un signe de colère chez Lina, il faut la connaître énormément. Limpide dans ses amitiés, Lina ne cache pas à sa copine qu'elle trouve ce nouveau rythme de vie difficile. Elle, qui était habituée à sortir quand bon lui semblait, à rendre visite à tout un chacun au gré de sa fantaisie, elle se sent bien souvent coincée entre quatre murs.

Mimi ne conserve que de bons souvenirs des enfants et, chaque fois qu'ils partent rendre visite à leur famille du Liban, elle a de la difficulté à se séparer d'eux. C'est la même chose pour Ghada, qui pleure chaque fois qu'elle voit partir ses bébés pour de longs voyages. Mais comment contenir ses larmes quand des petits tout à fait innocents nous sont reconnaissants des bons traitements reçus? Comment ne pas manquer tous ces sourires et ces éclats de rire spontanés? Habituées qu'elles sont toutes deux à les prendre dans leurs bras, à les cajoler et à les caresser, Mimi et Ghada trouvent bien longues les semaines et les mois qui les séparent du retour des bébés. En l'espace d'un an, deux fois, elles auront dû dire au revoir à leurs protégés, toujours inquiètes que les petits les oublient pendant cette séparation de quelques mois.

Ainsi, pour faire passer le temps et apaiser leur douleur, les deux femmes se remémorent de bons souvenirs. Mimi ne peut oublier un certain soir où tous les bébés dormaient dans leur chambre et où seule Tina n'arrivait pas à s'endormir. Pour qu'elle ne réveille pas ses frères et sa soeur, Lina l'avait emmenée au salon avec Mimi. La petite était folle de joie de voir qu'elle était seule dans cette grande pièce, sans aucun autre bébé. Jamais Mimi n'oubliera ce spectacle de Tina qui faisait des bascules et riait aux éclats. Elle avait même risqué quelques premiers pas en tentant de rejoindre tantôt maman, tantôt Mimi. Elle était la reine au milieu du salon. Occasionnellement par la suite, ce même scénario s'était répété lorsqu'un des bébés ne dormait pas. Chaque fois, c'était la joie tant pour le bébé que pour Lina et Mimi, qui le regardaient s'épanouir.

LES FRÉQUENTATIONS

Au début de leurs fréquentations, Lina et Naji à l'occasion d'un pique-nique en 1979

En 1982, Lina et Naji, toujours ensemble, sont allés
visiter Saint-Charbel, un lieu
sacré et touristique du Liban

Il est bien loin le temps où
Lina et Naji s'amusaient à se
contrarier. Cette photo, prise
au Liban en 1984, témoigne
de leur attachement.

Les amis sont très importants pour Lina et Naji. En 1988, le groupe de jeunes gens du quartier de Furn El Chebback, dont faisaient partie Lina et Naji, fête leur dixième anniversaire de fréquentations.

La traditionnelle fête du célibat, tenue le 2 octobre 1987, soit deux jours avant la noce

Le 2 octobre 1987, pendant la fête du célibat, Naji n'hésite pas à prendre sa future femme dans ses bras pour démontrer sa joie de l'épouser deux jours plus tard

LE MARIAGE

Faire-part des nouveaux mariés pour la noce du 4 octobre 1987

Enfin, le grand jour du mariage, le 4 octobre 1987, où Lina et Naji unissent leur destinée

En regardant cette photo, Naji n'hésite pas à décrire sa Lina comme étant *"une grande fleur parmi les fleurs"*

Dans leur famille respective, ils étaient les premiers à se marier. Une grande noce a donc été organisée.

Un moment inoubliable pour Lina et Naji. L'échange des alliances.

Un immense gâteau digne de l'ampleur de la noce s'élève sur plus de sept étages et domine honorablement une table remplie de mille et une douceurs

LA LUNE DE MIEL

Le voyage de noces mènera Lina et Naji en Égypte

En voyage de noces, une promenade à cheval au Caire

Une traditionnelle balade à dos de chameau pendant leur voyage de noces

Une lune de miel que Lina et Naji ne sont pas prêts d'oublier

LA GROSSESSE DES TRIPLÉS

En 1989, la première grossesse de Lina alors qu'elle était enceinte des triplés, qui sont décédés quelques jours après leur naissance, en 1990

Après avoir traversé une période grise de désespoir, à la suite du décès de ses trois bébés, Lina a tiré le rideau sur un spectacle qu'elle ne souhaite plus voir. Elle est ici en compagnie de Naji, lors d'un voyage à Chypre, en juin 1990.

LA GROSSESSE DES QUINTUPLÉS

Une deuxième grossesse beaucoup plus heureuse pour Lina. Ici, le 1ᵉʳ avril 1992, à quelques semaines de son accouchement où elle mettra au monde ses cinq bébés.

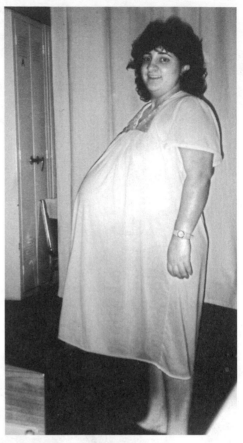

Afin d'assurer un maximum de confort à Lina, un lit double avait été fabriqué spécialement pour elle. Sur cette photo, elle est en compagnie de quelques membres du personnel du Centre hospitalier de St. Marys, qui régulièrement prenaient leur pause-café avec elle pour la distraire.

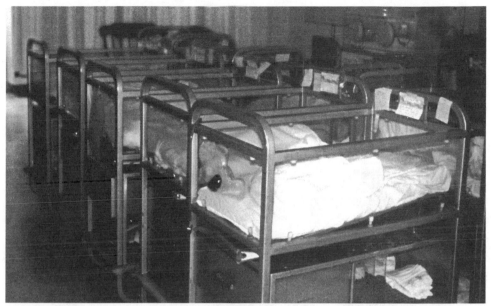

Au cours de leur séjour à l'hôpital, cinq bébés, cinq poussettes affichant les noms de bébé un, bébé deux, bébé trois, etc.

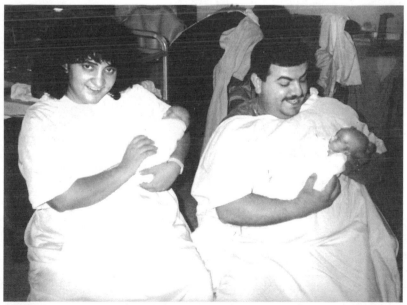

Quelque temps après la naissance, pour la première fois, papa peut prendre Zeina et maman, Tina. Les heureux parents doivent apprendre à donner les soins à leurs petits.

Une semaine avant la sortie des bébés de l'Hôpital général juif de Montréal, Naji porte fièrement ses cinq bébés. De gauche à droite, Tina, Rami, Jad, Zeina et Joe.

LA SORTIE DES BÉBÉS DE L'HÔPITAL

Pour la grande sortie des bébés de l'hôpital, le 26 juin 1992, une conférence de presse est organisée, à laquelle prennent part le Dr A. Joshi, Lina, Naji, le Dr A. Papageorgiou ainsi que la responsable des infirmières de l'Hôpital général juif de Montréal

Les enfants sont reconduits à la salle de conférence, chacun étant porté dans les bras d'une infirmière

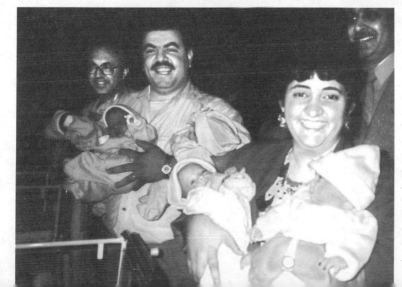

Enfin, tout le monde est prêt pour le grand départ vers le nouveau domicile familial. Maman tient fièrement ses deux filles et papa, ses trois garçons.
À l'arrière plan gauche, le Dr A. Papageorgiou et, à l'arrière plan droit, le Dr A. Joshi.

LE RETOUR À LA MAISON

Tous ces biberons, déjà préparés, ne suffiront pas pour une seule journée. Les bébés en consomment près de 35 par jour.

Une fois les bébés arrivés au domicile familial, la mère de Lina, Hana, est venue pendant deux mois, du Liban, pour aider sa fille. Elle tient ici Joe, à gauche, et Tina, à droite.

Quelques mois après la naissance des bébés, Naji et Lina se permettent une rare sortie pour se changer les idées et se retrouver seuls

Une des premières photos officielles des cinq bébés avec leur mère, Lina, quelque temps après leur sortie de l'hôpital

À leur première arrivée au Liban, la presse libanaise attendait les célèbres quintuplés d'origine libanaise nés au Québec

Tante Mimi amuse les cinq bébés avec des marionnettes pendant que ceux-ci déballent leurs premiers cadeaux pour la pâque de 1993

Les cinq bébés avec une de leurs nounous, Ghislaine

Ghada et Mimi sont devenues de très précieuses amies pour Lina. Elles sont également très attachées aux bébés.

Pour le temps de leur stage en techniques de garderie, sept jeunes étudiantes du collège Vanier de Montréal sont venues prendre soin des quintuplés. Sur cette photo, prise le 17 mai 1993, le dernier jour avant que les bébés ne partent pour un deuxième voyage au Liban. On aperçoit, de gauche à droite, Dina et Zeina; Nancy et Rami; Maria et Joe ainsi que Tamy, tenant Tina et Jad. Saby, Vida et Peggy étaient alors absentes pour la photo.

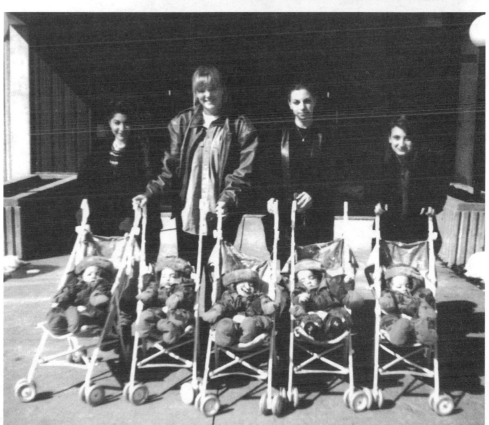

Une balade en poussette aux alentours de la maison avec, cette fois-ci, Saby, Peggy, Nancy et Viola, étudiantes au collège Vanier de Montréal

DEUXIÈME VOYAGE AU LIBAN

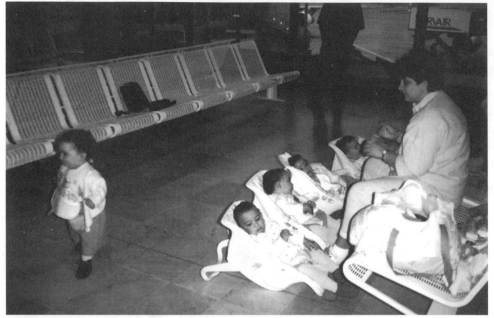

Un deuxième voyage au Liban. Départ: le 17 mai 1993. Zeina marche alors que Joe, Rami, Tina et Jad sont près de maman.

Au Liban, en 1993. Comme il fait bon s'ébattre dans la piscine. Zeina, Joe, Rami, Jad et Tina.

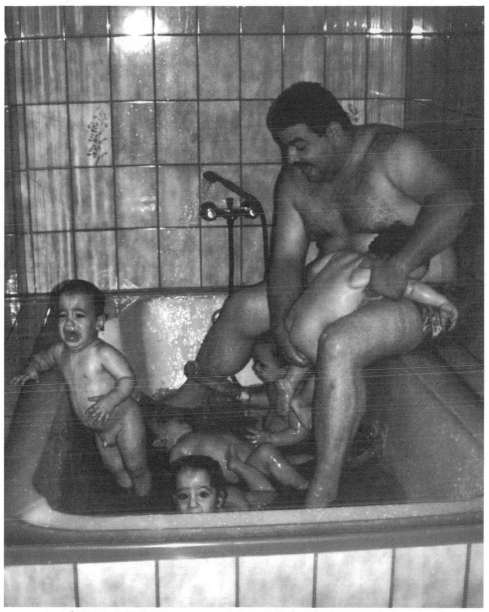

Au Liban, en 1993. Maman et papa avaient décidé de nous donner notre bain tous ensemble

Au cours du deuxième voyage au Liban, en 1993:

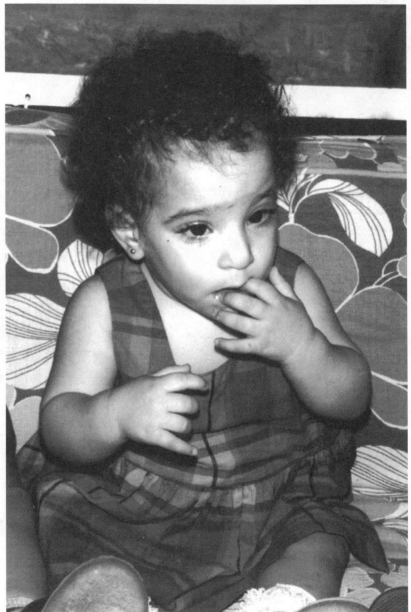

Tina

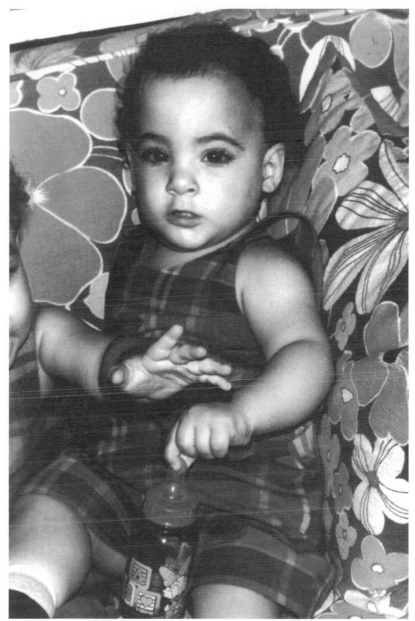

Rami

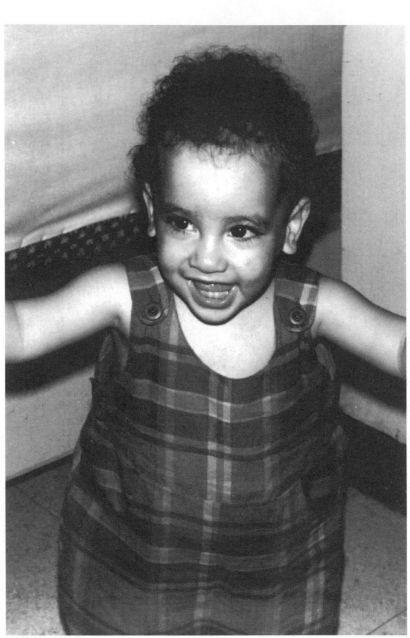

Jad

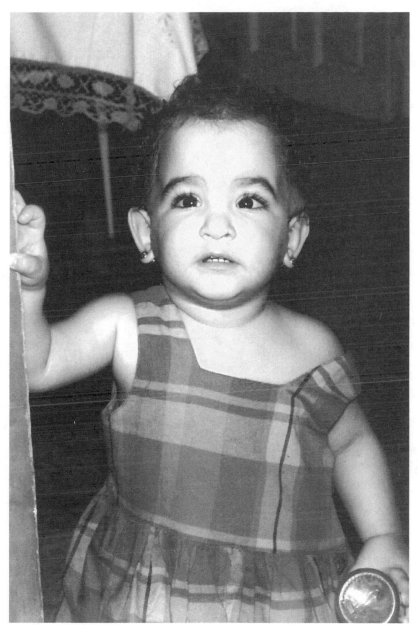

Zeina

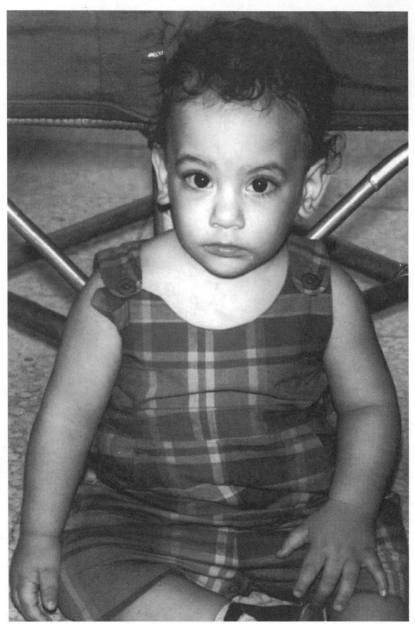

Joe

Joe, Tina, Jad, Zeina et Rami, toujours au Liban, en 1993

Georges et Hana Haddad, le père et la mère de Lina, au Liban, en 1993

Antoine et Berth, les parents de Naji, photographiés pendant le deuxième voyage des enfants au Liban, en 1993

Papa pose toujours aussi fièrement avec sa ribambelle d'enfants

LE BAPTÊME

Le jour du baptême des quintuplés, le 18 avril 1993, en l'église Sainte-Maron, à Montréal. La presse était au rendez-vous encore une fois. Les bébés sont photographiés avec leurs parrains et marraines.

Les quintuplés étaient vraiment très beaux pour cet événement religieux. Les petits garçons portaient de magnifiques pantalons bouffants blancs en satin et leurs petites soeurs, de ravissantes robes longues.

La journaliste Louise Leclaire était présente pour le grand jour de l'entrée des quintuplés dans la maison de Dieu. Elle est photographiée avec Tina.

C'est au jour mémorable de ce baptême, que Zeina, alors vêtue de sa belle robe longue, a décidé de faire ses premiers pas, au grand bonheur de tous

LE PREMIER ANNIVERSAIRE
DE NAISSANCE

Et voilà le premier anniversaire de naissance des quintuplés, le 27 avril
1993. Une conférence de presse a été organisée par les autorités de
l'Hôpital général juif de Montréal. Un immense gâteau avait été préparé
pour l'occasion. Les quintuplés sont en compagnie de leurs parents et
des docteurs Papageorgiou et Joshi.

À leur premier anniversaire,
papa tenant Zeina

Quel petit air coquin affiche notre Joe
pour son premier anniversaire

DIVERS

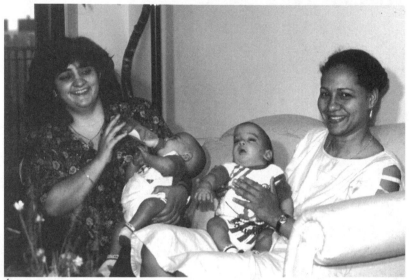

Élisabeth, une des techniciennes mandatées pour aider Lina, est devenue une bonne amie

La pièce la plus importante à aménager dans l'appartement des Abikhalil était sans aucun doute la chambre à coucher des chérubins. Ainsi, cinq petits lits ont été dressés autour de la pièce.

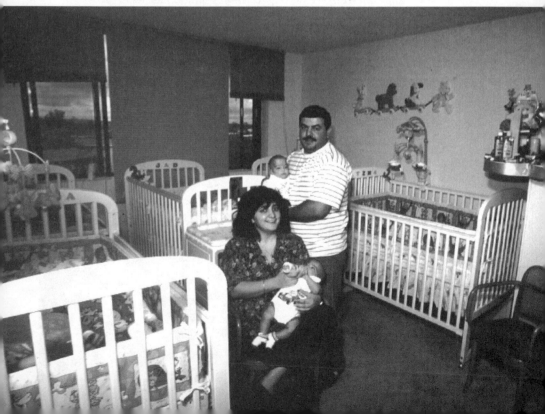

Papa et maman posent fièrement avec leurs cinq amours, maintenant âgés de un an

Plusieurs rencontres avec les parents des bébés auront été nécessaires pour l'élaboration du livre *La Merveilleuse Histoire des quintuplés*. La journaliste Louise Leclaire et le papa, Naji, sont à sélectionner de bonnes photos des bébés.

En souvenir de la naissance de leurs cinq bébés, le magazine 7 JOURS, qui a suivi le cheminement des bébés depuis leur naissance, a remis une photo laminée des quintuplés à leurs parents. Naji reçoit le cadeau des mains de la journaliste Louise Leclaire.

CHAPITRE VII

UN CHANGEMENT DE VIE COMPLET POUR LINA ET NAJI

L'arrivée des bébés à la maison a chambardé la vie de couple de Lina et Naji. Dieu qu'il est loin, le temps où Naji vivait au Liban. Jamais il n'aurait pensé devoir quitter son pays. Planificateur comme il est, dans sa tête et dans ses prévisions, il organisait sa vie là où il avait toujours vécu. Mais, comme le destin a le dernier mot, il n'aura eu d'autre choix que de suivre les événements. Selon son ami Fadi, son exil au Québec est à peu près le seul événement de sa vie que Naji n'ait pas prévu. Quand il était petit, il rêvait d'une petite vie bien tranquille et paisible avec sa femme et ses enfants. Portrait bien différent de la réalité.

Ainsi, de deux, Naji et Lina se sont retrouvés à sept dans le même appartement sans compter le va-et-vient des amis qui viennent donner leur coup de main et des aides du CLSC. Ainsi, Lina a toujours quelqu'un près d'elle 22 heures sur 24 de sorte qu'elle se retrouve seul à peine deux heures par jour, soit entre 17 h et 18 h et entre 22 h et 23 h. C'est en voulant combler ces heures où Lina était sans aide que Mimi a commencé a lui rendre visite régulièrement. C'est également ainsi qu'elles sont devenues de grandes amies. D'ailleurs, au fil du temps, Mimi ne s'est pas contentée d'aider Lina pendant ces deux heures où elle était seule. Elle prolongeait ses visites de beaucoup.

Mais, même si l'aide de tous ces gens leur était salutaire, il n'en reste pas moins que Lina et Naji ont complètement perdu leur précieuse intimité de couple. Dorénavant, ils ne peuvent même plus se quereller à leur guise si ce n'est qu'à voix basse. Naji est plus perturbé par ce revirement de situation que Lina. Cette dernière a tellement besoin des gens qui vont et viennent autour d'elle qu'elle ne songe pas à se plaindre. Un jour, Lina dit à son mari que leur domicile n'est plus le leur. C'en est fini de l'intimité de se promener en petite tenue confortable. Il faut maintenant apprendre à vivre en communauté, car tous ces gens dans la maison ne sont pas uniquement en visite pour le week–end. Demain, ils seront là et encore après-demain.

Les relations avec les amis deviennent également plus délicates. Avec cinq bébés qui dorment enfin dans leur chambre, ni Lina ni Naji ne tiennent à ce que les visiteurs les réveillent par leurs éclats de voix. Ainsi, Lina et Naji ont des périodes très délicates à traverser, car ils doivent faire comprendre à tous et chacun, sans blesser personne, que leurs habitudes de vie ont changé. Finis la cigarette à l'intérieur et le brouhaha. Il faut fumer sur le balcon ou dans le corridor de l'immeuble. Finies les chaussures dans la maison alors que les bébés se promènent partout sur le tapis. Fort heureusement, les amis de Lina et Naji se montrent très compréhensifs, et ces quelques exigences ne diminuent aucunement leur amitié sincère pour Lina et Naji. Pour rien au monde, ils ne voudraient prendre leur place. Ainsi, pour ne pas déranger les bébés et vu l'exiguïté des lieux, il sera préférable que Lina et Naji rendent visite à leurs amis, plutôt que l'inverse. Il est plus facile de trouver deux amis pour garder les bébés que de recevoir plein de gens à la maison.

Du même coup, ces sorties à l'extérieur du cocon familial permettent à Lina de changer de décor. Parfois, cette dernière, au bord du désespoir, ressent un besoin pressant de sortir: elle a l'impression d'étouffer, et pour cause. Quand elle ne peut se permettre cette évasion, elle prend quelques minutes pour se promener dans le couloir de l'immeuble et va même faire quelques pas dehors sur le trottoir. Aller porter les poubelles, c'est pour elle une occasion de s'évader quelques instants. Ce besoin n'exprime pas un sentiment de rejet de ses enfants. Au contraire, Lina les adore et ne peut se passer d'eux. Mais elle a besoin de ces quelques moments d'intimité, de solitude.

Sauvegarder l'amour

Lina et Naji ont su préserver leur bonheur. Ils sont demeurés les mêmes malgré l'arrivée des bébés. Comme le dit Lina, préserver leur amour était une question d'habitude et de bonne volonté. Naji, quant à lui, n'hésite pas à dire que l'arrivée d'un bébé dans un couple amoureux rapproche le mari et la femme. Pour lui, ses cinq bébés l'ont rapproché cinq fois plus de sa Lina. La compréhension mutuelle entre les conjoints a également été précieuse. Lina et Naji ont su rester conscients de leur fatigue et de leur stress et se parler avec beaucoup de diplomatie. Ce changement de vie radical les a fait grandir.

Lina a beaucoup changé, au dire de ses amis. Autrefois très bonasse, elle a maintenant appris à dire non quand il le faut. Son nouveau rôle de mère et son instinct l'aident à s'affirmer. Aujourd'hui, quand elle doit dire non, même au risque de froisser quelqu'un, elle le fait. Son instinct protecteur s'est également développé. Un autre point important concourt à changer Lina. L'absence de son mari, qui doit fréquemment s'absenter pour son travail. Ce dernier n'est donc pas souvent avec sa famille, et cela oblige Lina à prendre les choses en main et à voir au bon fonctionnement de la maisonnée pendant son absence. Cela représente beaucoup de responsabilités pour une seule femme. Parfois, de dire Mimi, Lina était complètement submergée. Elle atteignait un point de saturation tel qu'elle devait se retirer pour faire le vide. Une des façons pour Lina de revenir sur terre était de regarder son amie Mimi agir avec les enfants. Ainsi, lorsque la marmite de Lina chauffait trop, elle se tournait vers sa Mimi, d'un tempérament très calme et doux. Rien que de la voir si calme, si flegmatique, la remettait sur ses deux pieds.

Si Lina et Naji ne peuvent plus se quereller dans leur propre maison, ils ne se privent toutefois pas de se dire qu'ils s'aiment. Quand Naji ressent le désir d'embrasser sa femme, il ne se gêne absolument pas, et que les scrupuleux ne regardent pas. Quant à l'amour et à l'intimité du couple, chacun sait que, lorsque la porte de leur chambre est fermée, on ne s'y introduit sous aucun prétexte. Si leur vie est pour le moins trépidante depuis l'arrivée des bébés, il n'en demeure pas moins que Lina et Naji ont encore plus besoin de se retrouver en tant qu'homme et femme. Parfois, le soir, après 22 h, s'il leur reste un tant soit peu d'énergie, ils peuvent envisager une sortie agréable. Les bébés sont au dodo, et quel-qu'un veille sur eux. Ainsi, un petit café au resto, une balade à pied en amoureux permet aux tourtereaux de s'évader ensemble. Quels instants magiques pour eux que de se retrouver enfin seuls, loin des cris et du brouhaha des voix. Évidemment, l'amour doit demeurer discret, et, quand on demande à Lina comment elle vit ça, elle ne peut que répondre: «Mais qu'est–ce que je peux faire?» Ainsi, lorsqu'une occasion se présente et que des amis leur offrent de garder les bébés, les amoureux prennent la fuite. C'est la délin-quance. Un petit voyage, une chambre d'hôtel, et l'amour est au rendez–vous. Mais comme ces week–ends de rêve ne sont pas fréquents, dans la réalité de tous les jours, leur chambre à coucher est leur lieu de prédilection. Quand le calme règne dans l'appar-tement, Lina et Naji se réfugient dans leur nid pour écouter la télé, visionner un bon film, se distraire. Ces moments d'intimité sont très précieux, car ils leur permettent de se retrouver en tant qu'homme et femme, amant et amante, car, même s'ils sont maintenant devenus d'heureux parents, il n'en demeure pas moins qu'ils sont en tout premier lieu Naji et Lina, un couple qui s'aime.

Dans ces précieux moments de détente, Lina peut réfléchir à tout ce qui lui est arrivé ces derniers mois. Toute sa vie, Lina avait envié les mères en se demandant ce qu'elles pouvaient ressentir en tenant leurs enfants dans leurs bras. Aujourd'hui, elle n'hésite pas à dire qu'elle connaît à son tour les merveilleuses sensations que procure la maternité. Toute sa vie, également, avant d'avoir des enfants, elle avait dit à tout le monde que, lorsqu'elle aurait des enfants, elle n'agirait pas comme ses propres parents, qui ont tout sacrifié pour leurs enfants. Elle disait qu'elle aurait une vie de mère et sa propre vie privée. Quel contraste aujourd'hui: quand Naji lui demande d'aller prendre un café quelque part, elle tient à s'assurer, avant de partir, que tous les enfants sont bien. Il faut croire que l'instinct maternel est plus fort que tout.

CHAPITRE VIII

QUAND LA FAMILLE EST ÉLOIGNÉE

Un premier voyage inoubliable au Liban

Noël 1992 approche. Les bébés grandissent et sont débordants d'énergie. Ils portent maintenant fièrement leur quatre mois et, sauf la mère de Lina, aucun membre des familles de Lina et Naji ne les a encore vus. Le téléphone sert d'intermédiaire pour faire connaître aux parents éloignés les progrès de la petite progéniture, et les photographies qu'on envoie sont le seul moyen de les faire voir. Toujours aussi attachée à son père, Lina s'ennuie énormément de lui, un sentiment tout à fait réciproque. Le père de Lina est souffrant et, pour rassurer tant son épouse que son beau–père, Naji planifie un voyage au loin. Voir ses premiers petits-enfants et sa grande fille chérie fera sûrement du bien au père de Lina. En effet, les quintuplés sont les premiers bébés des familles Abikhalil et Haddad, ce qui rend l'événement encore plus heureux.

Ainsi donc, après discussion, les valeureux parents — parce qu'il leur faudra beaucoup de courage pour entreprendre une telle aventure — décident de donner un grand coup, de plier bagage et de partir pour le Liban afin d'y présenter leurs oisillons tant à leurs familles qu'au peuple libanais. Pour entreprendre un tel périple, Lina et Naji ont plus que jamais besoin du soutien de leurs amis. Ainsi, quelques–uns d'entre eux les accompagnent jusqu'à l'aéroport pour leur prêter main-forte. L'une d'entre eux, Mimi, les a même accompagnés jusqu'au Liban, car les parents seuls n'auraient pas suffi pour assurer la sécurité des cinq enfants. Même s'ils sont bien installés dans leur siège d'avion, il faut encore penser aux différentes escales et à tous les bagages. Toutefois, la chance est du voyage: les enfants n'ont pas encore six mois et dorment encore beaucoup. De plus, au moment du départ, c'est la période du dodo. Donc, le voyage est passablement agréable. Les étapes les plus difficiles sont les escales, où il ne faut absolument rien oublier, ni un bébé ni les bagages. Mimi porte deux bébés, Tina et Jad, parce qu'ils sont les moins lourds. Elle en porte un dans ses bras et l'autre, confortablement blotti dans un sac ventral. Lina porte Joe et un sac à bagages. Papa, le plus costaud, tient les plus lourds, soit Zeina et Rami. Les décollages sont également des instants pénibles pour les parents et les amis qui les accompagnent; ces sensations désagréables incommodent les bébés, qui le démontrent abondamment par leurs pleurs.

La présence des bébés dans l'avion cause tout un émoi. Heureusement, le vol n'est pas complet; cela permet aux bébés d'avoir chacun son siège pour roupiller plus confortablement et aux parents et amis de se reposer les bras. Évidemment, les passagers sont stupéfaits de voir autant de bébés. La scène qui s'offre à leurs yeux est pour le moins inusitée. C'est pourquoi nombre de passagers ont pris des photos ou ont filmé ces mignons moussaillons qui voyageaient à travers les nuages dans le ventre d'un gros oiseau d'acier. Encore une fois, pour Lina et Naji, il est impossible de passer inaperçus. À bord de l'avion, les bébés sont les grandes vedettes.

Outre les malaises du décollage, les enfants ont bien supporté le voyage. Si leur présence à bord de l'avion n'est pas passée inaperçue, il va sans dire que leur arrivée en terre libanaise a également été chaleureusement soulignée. On a réservé une grande salle pour recevoir dignement les petits visiteurs et leurs parents. De nombreux journalistes de la presse et de la télévision sont également impatients de poser toutes leurs questions et de croquer les jolis minois. Encore une fois, malgré leur timidité, Lina et Naji doivent se prêter à des entrevues et répondre à une kyrielle d'interrogations.

Dans la famille, tout le monde est fou de joie. Chacun veut prendre les enfants dans ses bras, savoir qui est qui. Il faut maintenant apprendre à placer les bons noms sur les bons visages. Tous s'amusent à trouver des ressemblances avec papa ou maman ou même avec les grands-parents, les frères et les soeurs. Le bonheur se lit sur tous les visages, confirmant que la venue d'un enfant dans une famille apporte toujours sa part de rayons de soleil. Dans leur résidence temporaire, chez les parents de Lina, les enfants n'ont aucune difficulté à s'acclimater à leur nouvel environnement. Par précaution, maman a pris soin d'apporter une provision astronomique du lait maternisé qu'elle utilise, celui-ci étant impossible à trouver au Liban. Ainsi, il n'y aura pas de danger de nuire aux systèmes digestifs des petits.

Quand Lina est bien installée chez sa mère, Naji reprend l'avion afin de poursuivre son travail qui, comme toujours, lui demande de vivre entre deux valises. Mais, comme le dit souvent Naji, le travail, c'est la santé et, par les temps qui courent, avoir un emploi, c'est une bénédiction des dieux. L'important pour lui, c'est de gagner honorablement sa vie pour bien faire vivre sa famille. Quand la nostalgie s'empare de lui, pour surmonter l'éloignement et se réchauffer le coeur, Naji regarde les photos de ses enfants et de sa femme, qu'il a toujours avec lui. Il peut les contempler aussi longtemps qu'il le veut. En plus, le téléphone lui permet d'entendre la voix de celle qu'il aime et celles de ses chérubins qui gazouillent. Sa femme et ses enfants donnent un sens à son travail. Ils contribuent tous à sa motivation.

Ainsi arrive la Noël de 1992. C'est au Liban que les bébés Abikhalil célèbrent pour la première fois la fête de la naissance de Jésus. Les parents de Lina et de Naji vivront donc un Noël familial et magique, entourés de tous leurs enfants et de leurs cinq premiers petits-enfants. Chez les Haddad et les Abikhalil, Noël est fêtée en famille seulement. Tout le monde chante, danse et parle autour d'une bonne table, un peu comme au Québec. L'arbre de Noël règne majestueusement, abritant la crèche et ses personnages. Les décorations ajoutent la touche finale. Il y a même un vrai père Noël, qui porte un gros sac rempli de cadeaux pour chacun.

C'est pendant ce séjour au Liban que les bébés commencent à faire leur premier pas... à quatre pattes, toutefois. Faire autrement est tout à fait impossible, car il ne s'écoule pas une minute sans que les enfants se retrouvent dans les bras de quelqu'un. Ainsi, on rampera la première fois au Liban, mais c'est pour le Québec qu'on gardera la surprise des vrais premiers pas. De plus, ce sera une belle surprise pour les amis qui sont restés derrière, en attente du retour. Ces premiers pas devant eux seront comme un baume sur leur coeur déchiré par l'éloignement. Nounous ou amis, les petits chérubins savent si bien séduire ceux qui prennent soin d'eux que, lorsqu'ils s'éloignent pour quelque temps, c'est la tristesse qu'ils laissent derrière sans même le savoir. Pour ceux qui les aiment, les petits sont comme leurs propres enfants. Certains de ces amis en sont même les parrains et marraines, et remplissent véritablement le mandat relatif au sacrement du baptême. En effet, être parrain ou marraine est très important chez les Libanais. Ainsi, s'il arrive quoi que ce soit aux parents, le parrain et la marraine ont droit de regard quant à l'avenir de leur filleul ou filleule. Et, si la famille est consentante, le parrain ou la marraine peut même aller prendre l'enfant à sa charge si cela s'avère nécessaire. La marraine et le parrain sont en quelque sorte, et dans toute l'importance du terme, le deuxième père ou la deuxième mère de l'enfant. Ghada, qui remplit ce rôle, a grandement pleuré de voir partir son filleul vers le Liban. Une séance particulière pour lui parler et le cajoler avant son départ aura permis de faire provision de caresses en vue de combler le vide des semaines à venir.

Si l'aller a été plutôt agréable pour tout le monde, il en fut tout autrement pour le retour. En effet, à bord de l'avion qui les ramène au Québec, les enfants, plus vieux de quelques mois, dorment un peu moins le jour et, par surcroît, cette fois, ce n'est pas l'heure du dodo. Un autre facteur qui n'aide pas, c'est que les enfants ne connaissent pas vraiment les amis qui les accompagnent au retour et qu'en plus l'avion est bondé, de sorte que chaque enfant n'a pas son siège à lui. Ils passent donc la plus grande partie du temps dans les bras de quelqu'un. Quelle misère pour les parents et les amis, qui ont dû consoler les petits afin de ne pas trop déranger les autres passagers. Mais, malgré les pleurs réguliers des enfants, les voyageurs ont été très compréhensifs et les agents de bord des plus serviables, adoucissant ainsi la tâche de chacun.

Un deuxième voyage au Liban

Pour une deuxième fois, Lina et Naji se laissent convaincre par leurs familles respectives d'aller les rejoindre au Liban. Régulièrement, quand Lina communique avec sa famille, on la presse de venir. On veut voir les bébés. Afin de l'aider à prendre sa décision, on lui offre même les 2 800$ nécessaires pour couvrir les frais de transport. Il n'est pas difficile de trouver quoi offrir en cadeau à la petite famille Abikhalil: il n'y a qu'à recueillir l'argent nécessaire pour un voyage. Lina s'ennuie toujours beaucoup de son père et trouve toujours aussi difficile d'être constamment séparée de lui.

Ainsi, en mai 1993, pour une deuxième fois, après y avoir bien réfléchi, Lina et Naji plient bagage et repartent pour le Liban. La famille pourra ainsi constater les progrès réalisés par les bébés, qui ont maintenant un an. Lina pense également que son séjour là–bas lui permettra de récupérer davantage pour être bien en forme, car, en septembre, elle devra subir une délicate intervention chirurgicale visant à enlever l'excédent de chair sur son ventre. Porter cinq bébés, gagner plus de 80 livres n'est pas sans laisser de séquelles. Toutefois, ce deuxième voyage n'a pris la même tournure que le premier pour Lina. Au cours d'une conversation avec Ghislaine alors qu'elle se trouvait au Liban, Lina aurait avoué que les bébés, plus vieux que la première fois et de plus en plus conscients, ont eu davantage de difficultés à s'habituer. Et qui plus est, les bébés ne se souviennent pas du tout des membres de la famille de Lina et de Naji. Ils se retrouvent donc avec de nouvelles gens pour s'occuper d'eux et éprouvent de nouvelles difficultés à s'acclimater à tous ces changements. Le décalage horaire les aura également affectés ainsi que le changement de température. Maman aussi trouve son séjour au Liban plus difficile que le premier. Bien qu'elle ait sa mère pour l'aider à s'occuper des bébés, elle n'a jamais autant d'aide que lorsqu'elle est ici, entourée de nounous, d'amies fidèles et de stagiaires. Mais, malgré toutes ces adaptations, ce second voyage donne lieu à de grandes joies. Ainsi, Tina veut épater la galerie et, dès son arrivée, y fait ses premiers pas au grand plaisir de la famille. Zeina ayant été la première à en faire autant au Québec, les filles dament le pion aux garçons, qui se font attendre.

CHAPITRE IX

LA VIE EN SOCIÉTÉ

Selon les amis de Naji, celui-ci a vraiment changé depuis la naissance des bébés. Contrairement à ce qu'on pourrait croire, il est plus calme qu'avant, plus sage même, de dire son ami Fadi. Pourtant, ses responsabilités sont autrement plus nombreuses que du temps où il était seulement le mari de Lina. Mais à quoi bon s'énerver? pense Naji, cela n'arrangerait rien. Un seul bébé amène son lot de responsabilités, et cinq bébés quintuplent ces responsabilités. Il est donc plus sage de garder la tête froide et voir à ce que chacun d'entre eux mange bien, qu'il soit bien logé et bien habillé en toute saison. Pour arriver à combler tous ces besoins, il n'y a qu'une solution, c'est de travailler et travailler encore, ce que Naji ne cesse de faire.

Fadi, qui est régulièrement en compagnie de la petite famille, trouve pour sa part que Naji et Lina n'ont pas suffisamment de vie sociale pour se retrouver en tant que couple. Pour lui, il n'y a pas de place pour l'imprévu dans leur vie, car, avec cinq bébés, il faut toujours prévoir d'avance. Comme il dit, une sortie avec les bébés nécessite toujours une bonne planification et une excellente organisation, ne serait-ce que de penser aux véhicules nécessaires pour transporter tous les bébés en toute sécurité. Toutefois, comme les amis de Lina et Naji leur vouent depuis longtemps une amitié sincère, les nouveaux parents ne se sentent pas trop gênés face aux exigences de leur nouveau statut de parents.

Il est évident que la vie de Lina et Naji a changé du tout au tout. À part les rares fois où ils sortent seuls et où ils peuvent goûter de bons moments d'intimité, dès qu'ils sont avec leurs cinq enfants, ils ne peuvent plus passer inaperçus. Rien ne sera plus jamais pareil ni aussi facile pour eux, mais l'amour de leurs cinq rejetons compense pour cette absence de vie sociale. Toute leur vie, les bébés Abikhalil seront la cible du public, qui appréciera de suivre leur développement. En effet, leur naissance a suscité beaucoup d'intérêt, tout comme leur sortie de l'hôpital, leur baptême et leur premier anniversaire qui ont été soulignés par les médias.

Le baptême des quintuplés

Les quintuplés Abikhalil sont baptisés le 18 avril 1993. La cérémonie se déroule alors en l'église Sainte–Maron de Montréal en présence des amis proches de Lina et de Naji. Les petits garçons sont vêtus de magnifiques pantalons bouffants blancs en satin, et leurs petites soeurs portent de ravissantes robes longues. Les parrains et les marraines ont finalement tous été choisis. Trouver cinq parrains et cinq marraines n'est pas une tâche facile pour Lina et Naji, qui n'ont pas de famille au Québec. C'est pourquoi certains amis ont accepté de remplir ce rôle important plus d'une fois afin que chaque enfant ait un parrain et une marraine.

Ainsi, Joe est le filleul de Georges Abounasr et de Thérèse Karam. Zeina s'est vue assigner comme marraine May Sayegh, mieux connue sous le pseudonyme de Mimi; Paul Kabriti est son parrain. Jad a aussi Mimi comme marraine, et Fadi est son parrain. Rami est filleul de Ghada, et Fadi est son parrain, à lui aussi. Finalement, Tina a comme marraine Johanna et comme parrain Robert Karam, père de cette dernière. Les affinités mutuelles entre les amis et les enfants à baptiser ainsi que le sexe des enfants des futurs parrains et marraines ont facilité le choix de ces derniers. Pour Lina et Naji, demander à un ami de tenir le rôle de parrain ou de marraine est un geste de gratitude; ils voulaient ainsi remercier ces amis pour l'aide et le soutien qu'ils leur ont apportés en tout temps. C'est également une grande marque de confiance quand on sait l'importance du rôle de marraine et de parrain pour les Libanais. Accepter cette offre est non seulement un très bel honneur pour la personne choisie, mais aussi, de sa part, l'expression d'un sens aigu des responsabilités.

Le choix des marraines et des parrains

Joe: marraine, Thérèse Karam; parrain, Georges Abounasr. Ces derniers ont choisi Joe tout simplement parce que le fils de Thérèse s'appelle Anthony et que Joe porte aussi ce prénom.

Zeina: marraine, Mimi; parrain, Paul Kabriti. Lina, très attachée à Mimi, lui a demandé si elle accepterait d'être également la marraine d'une fille. Mimi accepta à condition que Lina choisisse elle-même entre Tina et Zeina. Après quelques mois d'observation, Lina ne pouvait dire avec qui Mimi s'entendait le mieux. Puis, un jour que Lina donnait le biberon à Zeina, elle a dit de façon tout à fait spontanée à Mimi qu'elle aimerait qu'elle soit la marraine de Zeina. Et Mimi accepta. Paul, quant à lui, avait exprimé son attachement pour Zeina, dont il devint tout naturellement le parrain.

Jad: marraine, Mimi; parrain, Fadi. Quand les quintuplés n'étaient encore que des nouveau-nés, Mimi adorait Jad comme pas un. Dans la famille de Mimi, il n'y avait pas de garçon. C'est pourquoi elle tenait à être la marraine d'un garçon. Vu les affinités qui unissaient Mimi à Jad, il était évident pour Lina qu'ils étaient faits pour aller ensemble. C'est pourquoi elle confia Jad à Mimi. Quant à Fadi, c'est à la toute fin des assignations qu'il a été choisi parrain. À ce moment, les deux garçons, Rami et Jad, n'avaient pas encore de parrain; c'est pourquoi on lui offrit de les prendre tous les deux. Toujours fidèle à la famille, Fadi, qui aimait de toute façon tous les bébés, accepta sans se faire prier.

Rami: marraine, Ghada; parrain, Fadi. Au fond de son coeur, Ghada souhaitait être la marraine de Jad; malheureusement pour elle, ce dernier avait déjà été assigné à Mimi. Ainsi se tourna-t-elle vers Rami, qu'elle aimait également beaucoup et dont le nom religieux était le même que celui d'Élio, son frère. Ainsi, Rami rapprochait Ghada de son jeune frère, qui vivait toujours au Liban. Comme on l'a expliqué plus haut, Fadi accepta d'être aussi le parrain de Rami.

Tina: marraine, Johanna Karam; parrain, son père, Robert Karam. Johanna, encore une toute jeune femme, adorait Tina. Elle n'avait d'yeux que pour cette petite fille à l'allure d'une jolie poupée de porcelaine. Pour Johanna, il ne pouvait en être autrement. Si elle était marraine, c'était de cette petite puce qui la faisait vibrer au plus profond d'elle-même. Robert, son père, qui trouvait également Tina adorable, accepta d'être son parrain.

Ainsi, tous les enfants se virent attribuer des parrains et des marraines qui veilleraient sur eux au cas où leurs parents mourraient. Spirituellement, la marraine devient alors la mère, et le parrain, le père. Ces derniers ont le droit de prendre la charge, même financière, de leur filleul si la parenté ne s'y oppose pas. S'ils ne deviennent pas tuteur au décès des parents, la marraine et le parrain ont toujours le droit de rester en contact avec leur filleul et de voir à ce que l'enfant soit bien traité.

La religion maronite

Les enfants ont été baptisés au sein de l'Église catholique maronite, qui ressemble en plusieurs points à la religion catholique romaine. En effet, tous les catholiques ont la même foi. Ce qui les différencie est leur langage liturgique. Les catholiques maronites utilisent la langue araméenne, actuellement appelée le syriaque, qui est la langue parlée par Jésus-Christ lui-même, tandis que les catholiques romains ont longtemps utilisé le latin, maintenant remplacé dans de nombreux pays par la langue maternelle de la population.

Ainsi, la foi, les croyances en Dieu, Jésus-Christ et la Vierge Marie sont les mêmes entre catholiques maronites et catholiques romains. Pour le reste, seuls quelques petits détails techniques, si on peut dire, peuvent différer lors du déroulement de certaines cérémonies religieuses, comme le mariage et le baptême. Par exemple, lors d'un baptême, les maronites terminent la célébration par une procession à la Vierge Marie à l'intérieur de l'église, ce qu'on ne fait pas chez les catholiques romains.

Si le premier point d'importance qui différencie les catholiques maronites des catholiques romains est la langue liturgique, le second est la hiérarchie du clergé. Ainsi, l'Église catholique romaine suit la hiérarchie suivante: les prêtres et les curés de paroisses, les évêques ayant sous leur charge des territoires déterminés, les archevêques couvrant des territoires élargis et finalement le pape. Chez les maronites, un patriarche sépare les archevêques du pape. Il y a un palier de plus, qui procure une plus grande autonomie au patriarche et aux évêques à l'intérieur de leur Église. Ainsi, ici, au Canada, le conseil des évêques, même s'il détient certains pouvoirs, ne peut prendre de grandes décisions sans l'assentiment du pape; en revanche, chez les maronites, tous les ans, le patriarche et les évêques et archevêques se réunissent pour étudier certains points sur lesquels ils peuvent prendre des décisions avant de se tourner vers le pape.

Le jour du baptême

Le jour du baptême, tout le monde priait pour que tout se déroule bien et que les bébés ne se mettent pas tous à pleurer, offrant ainsi un retentissant concert dans l'église. C'est pourquoi l'officiant n'a pas perdu de temps. Une procession à la Vierge Marie a clôturé la cérémonie. Au cours de cette procession, les parrains et les marraines, tenant les bébés et accompagnés des deux parents, ont défilé dans les allées de l'église, précédés par l'officiant qui tenait au bout de ses bras une icône de la Vierge Marie. Le cortège défilait ainsi en chantant un cantique. Par la suite, une fête sobre mais chaleureuse a été organisée dans une petite pièce adjacente à la chaire, où tout le monde a pu goûter de bonnes victuailles maison. Un traditionnel mais gigantesque et délicieux gâteau de baptême garnissait la table.

Comme dans la tradition québécoise, les invités offrent des cadeaux aux nouveaux venus dans la maison de Dieu. Il est de mise que les parrains et marraines offrent des bijoux aux enfants. Une petite chaîne portant un médaillon de la Vierge Marie enjolivera le cou des petites filles, alors qu'une croix sera passée à celui des garçons. Un bracelet à connotation religieuse peut également être offert en souvenir du jour du baptême. Dans la mentalité libanaise, on privilégie le bijou parce que ce dernier est confectionné en or et qu'il durera aussi longtemps que la vie de l'enfant. Un vêtement ou un autre article du genre ne le suivra pas tout aussi longtemps. Même si elle n'est plus toujours suivie à la lettre, la coutume libanaise veut également que les parrains et marraines offrent leurs cadeaux immédiatement après la procession à la Vierge. Ces derniers déballent le cadeau et le placent au cou ou au poignet de l'enfant, selon le cas. Ce geste est un rituel de bienvenue au sein de l'Église.

Un premier anniversaire qui ne passe pas inaperçu

Les quintuplés Abikhalil sont presque devenus, si on peut dire, les enfants du public, qui aime à les suivre dans leur développement. Déjà leur naissance avait suscité l'intérêt général, tout comme leur sortie de l'hôpital et leur baptême. C'est pourquoi, pour leur premier anniversaire, les autorités de l'Hôpital général juif de Montréal avaient organisé une conférence de presse. Les docteurs Arwind Joshi et Papageorgiou étaient présents et plus que fiers de présenter, un an plus tard, les quintuplés qu'ils avaient réussi à mettre au monde et à garder en vie. Cette conférence a permis aux médias de constater que les célèbres bébés étaient en excellente santé. Évidemment, Lina et Naji ont de nouveau dû répondre à de nombreuses questions tant sur la santé des bébés que sur leur développement et, surtout, sur leur nouvelle vie de parents. Comme les bébés étaient nés dans un hôpital juif, les autorités de l'institution avaient fait monter un immense gâteau arborant l'étoile juive. Les gens présents — représentants des médias, personnel hospitalier, patients de l'hôpital et badauds qui ne voulaient pas manquer l'occasion de voir les célèbres bébés — ont ainsi pu se délecter à la bonne santé des quintuplés. Confortablement installés sur une une grande couverture disposée par terre, les bébés et leurs accompagnateurs offraient une scène incroyable que les médias n'ont pas hésité à croquer en photos. Tout le monde voulait les prendre, les toucher. Ils étaient tellement beaux avec leurs petits bérets colorés et leurs ballons, roses pour leurs filles et bleus pour les garçons. Plus beaux que jamais, débordants de santé et tout à fait charmants avec leurs yeux aux longs cils foncés, les bébés Abikhalil ont encore une fois su gagner le coeur de leur public.

Par la suite, une petite fête plus intime devait avoir lieu chez Mimi, réunissant uniquement les amis, parrains et marraines, mais, comme la fête à l'hôpital s'est terminée vers 17 h, elle a dû être annulée, car, à cette heure tardive, les bébés sont plus fatigués et deviennent plus maussades.

Ce grand intérêt du public pour les enfants ne gêne pas Lina et Naji. Ce dernier considère d'ailleurs qu'il est tout à fait normal que les gens réagissent ainsi et il avoue qu'il aurait fait de même s'il n'avait pas été le papa des quintuplés. C'est pourquoi Naji est toujours aimable avec les gens qui lui posent des questions ou qui l'interpellent dans la rue. Lina ne se sent pas brimée non plus par cette popularité des bébés. En revanche, comme elle est très timide, elle trouve parfois difficile de répondre aux questions des gens. À ce propos, Mimi raconte que, lorsque Lina va au restaurant, elle demande même à la personne qui l'accompagne de commander pour elle. Lina n'est pas une personne volubile et, lorsqu'elle parle, elle se limite au strict nécessaire.

CHAPITRE X

L'AVENIR ET LA SUBSISTANCE MATÉRIELLE

Ce n'est pas parce qu'il a maintenant cinq bébés que Naji va s'en faire avec la vie. Au contraire, il voit l'avenir d'un bon oeil. Le travail ne lui fait pas peur et, comme il le dit souvent, c'est d'ailleurs sa seule porte de sortie. Surtout, ajoute-t-il, il ne faut pas tomber malade. Fidèle à lui-même, il fait confiance à la vie et n'entend pas changer ses positions. Ses cinq bébés et sa femme sont sa force motrice.

Maintenant que les bébés ont plus d'un an et marchent presque tous, il faut envisager un déménagement. L'appartement au sixième étage ne convient vraiment plus. Ainsi, en décembre 1993, au retour de leur deuxième voyage au Liban, les bébés emménageront dans une belle grande maison. Les cinq petits poussins, qui savent maintenant marcher, auront désormais toute liberté de se promener dans la cour. De petites pattes fortes et en pleine forme ont définitivement besoin d'espace pour bouger, tant à l'intérieur qu'à l'extérieur. Lina aussi pourra respirer davantage. Et, enfin, elle aura de l'espace pour tout ranger.

Quant à savoir ce qu'il adviendra de la famille Abikhalil lorsque l'aide du gouvernement cessera, c'est-à-dire quand les bébés auront deux ans, Naji et Lina croient que leur vie sera plus facile puisque les enfants marcheront et comprendront davantage ce que l'on attend d'eux et le pourquoi de certaines petites choses de la vie quotidienne. Lina, quant à elle, parle souvent de l'avenir. Elle imagine le temps où les enfants seront grands. Déjà, elle s'intéresse à tout ce qui touche les enfants. Elle tente de se familiariser avec le système scolaire québécois. Elle souhaite se prévaloir d'une assurance-vie afin d'assurer un avenir décent à ses enfants au cas où son mari décéderait. Quant à savoir comment réussir à permettre à chacun de ses enfants de suivre des cours ou de poursuivre d'autres activités, Lina n'a d'autre choix, encore une fois, que d'envisager de frapper à la porte des parrains et marraines, qui devront faire leur part et remplir quelques obligations morales pour leur filleul du vivant de leur parents. Impossible pour maman, encore moins pour papa, qui est toujours à l'extérieur, de penser être au hockey, au ballet, à la gym et ailleurs en même temps. Il faudra donc trouver les moyens de satisfaire tout le monde. En un certain sens, ces activités avec leurs filleuls permettront aux marraines et aux parrains de profiter d'un moment d'intimité fort apprécié de part et d'autre. Comme le disait Mimi au baptême des bébés: «Je me suis engagée, et cette promesse est sacrée.» Si chacun des parrains et marraines partage cette même vision, chacun des enfants sera heureux.

Assurer la subsistance de la famille

À son arrivée au Québec, Naji est sans emploi. Forcé de rester au chevet de son épouse, il lui est difficile de partir à la recherche d'un nouveau travail. Il bénéficie alors de l'aide d'amis qui le dépannent et soutiennent autant qu'ils le peuvent. Pendant deux mois à peine, il est forcé de recevoir un soutien financier de l'aide sociale. Mais, pour Naji, l'aide sociale n'est pas une solution à long terme. Son avenir et celui de sa femme et de ses cinq bébés exigent beaucoup plus. Également, Naji se sent étouffé en tant que prestataire de l'aide sociale, car son statut fait qu'il n'a aucun crédit. Pour lui, cette forme ultime d'aide financière est temporaire et s'adresse aux gens dépourvus de toute ressource. Naji se dit que ce n'est pas son cas. Il est en santé et résistant. Débrouillard et travaillant, il met alors tout en branle pour se dénicher un emploi. Ses efforts portent fruit: par l'entremise de son ami Robert Karam, il finit par décrocher un emploi. Il possède déjà une certaine expérience dans l'import-export, ce qui permet à Robert de lui trouver du travail dans une compagnie dont le siège social se trouve au Liban. Mais avant d'être engagé officiellement, il devra faire ses preuves. Une période de plusieurs semaines de formation sera nécessaire ainsi qu'une période de probation, pendant laquelle son rendement sera garant de sa sécurité d'emploi. Bien déterminé à ne pas rater cette chance que le Seigneur lui envoie, Naji déploie toute l'énergie nécessaire et remporte la victoire. Il fait ses preuves, et on l'embauche. Depuis, il travaille sans compter les heures pour réussir à gagner de façon respectable sa vie et celle de sa petite famille.

Et si on parlait de chiffres

On se doute combien il peut être coûteux de subvenir aux besoins de cinq bébés, surtout lorsqu'ils arrivent tous en même temps. Dans de telles circonstances, il n'est pas question de conserver les vêtements et autres accessoires du plus vieux pour les refiler au plus jeune. Ils sont cinq et ils ont tous le même âge. Ils sont cinq et ont tous les mêmes besoins, en même temps. À l'âge d'un an, il faut tous les jours quatre litres de lait et pas moins de 30 biberons pour apaiser leur soif. Cette quantité astronomique de lait représente 150$ par mois, parfois un peu plus. Heureusement, pour la première année de vie des bébés, le lait a été offert en cadeau à la famille par une entreprise spécialisée, ce qui a permis aux parents de réaliser une économie incroyable. Quant aux couches des bébés, pendant les premiers six mois, elles ont été gracieusement offertes, encore une fois, par des entreprises spécialisées. Par la suite, tous les frais ont été assumés par la famille. Ainsi, il faut 35 couches par jour, c'est-à-dire plus d'un sac; les frais de couches s'élèvent donc à environ 350$ par mois. L'habillement est un autre aspect du budget qui coûte très cher. Une seule visite au magasin pour des chaussures, par exemple, peut représenter une dépense de 250$ sans compter les taxes. En hiver, ces frais doivent pratiquement être doublés, puisqu'il faut également des bottes d'hiver. Quant aux vêtements comme tels, si on calcule pour chaque bébé un seul ensemble, de la tête aux pieds sans oublier camisole, chaussettes et accessoires, il est conservateur d'estimer qu'on paiera au moins 80$ par enfant, ce qui représente une dépense mensuelle de 400$. À ces dépenses, il faut bien sûr ajouter les taxes, et, avec des montants aussi élevés, on ne parle pas de quelques dollars, mais bien d'un rondelette somme qui permettrait presque d'habiller un des enfants. De plus, comme il y a sept jours dans une semaine et que les enfants ne portent pas toujours les mêmes vêtements, il faut être équipé pour les changer au moins une ou deux fois par jour. Évidemment, les jours de semaine, les enfants ne portent pas toujours des vêtements neufs, mais, tout de même, petits pyjamas, jaquettes de nuit, literie, jouets et objets divers ajoutent à la facture. Et on n'a même pas parlé des produits hygiéniques et des médicaments.

Quand sera venu le temps pour Lina de se retrouver seule à la maison avec ses cinq enfants, c'est-à-dire quand ils auront deux ans et que le CLSC ne fournira plus son aide, il faudra prévoir les frais de gardiennage. Aujourd'hui, une jeune personne exige entre 2,50$ et 3,50$ l'heure, parfois plus, pour garder un bébé. On peut facilement imaginer la note de gardiennage pour des quintuplés. Il faut penser qu'il est impossible pour une seule personne de suffire à la tâche et qu'il faudra donc toujours engager deux gardiennes. Étant donné le nombre d'enfants à surveiller et l'ampleur de la tâche, on peut s'attendre à devoir payer le tarif maximum de 3,50$ l'heure, que l'on multipliera par deux, ce qui représente des frais de 7$ l'heure. Ainsi, pour chaque soirée passée en amoureux à manger au restaurant et à se balader en ville, soit environ cinq heures, il faudra ajouter un minimum de 35$ à la facture.

L'insertion sociale des quintuplés

À leur âge, les enfants Abikhalil ne sont pas exigeants. Ils ne réclament rien sinon de l'attention et de l'amour. Mais, à mesure qu'ils grandiront et qu'ils feront leur petit bout de chemin en société, ils exprimeront des goûts particuliers, ce qui est tout à fait normal pour un jeune en quête de son identité. Aujourd'hui, les jeunes sont précoces, et, dès l'âge de l'école primaire, il expriment des revendications précises concernant les jouets, l'habillement, les activités de loisir, etc. Évidemment, comme tout parent désire rendre l'insertion sociale de son enfant plus facile, nombre de ces requêtes sont acceptées. Alors, quand Lina et Naji voudront répondre aux exigences de cinq jeunes en même temps, il en faudra des sous. Quand l'une voudra suivre des cours de ballet, un autre, des leçons de karaté, un autre faire de la natation ou jouer au hockey, il faudra leur procurer l'équipement nécessaire. À titre d'exemple, il en coûte près de 70$ pour habiller une jeune fille pour la danse, près de 200$ pour un équipement de hockey et un montant similaire pour le patinage artistique. Qu'on pense simplement à un loisir très à la mode ces dernières années, le patin à roulettes: il en coûte environ 150$ pour équiper un jeune de façon adéquate, des patins au casque sous oublier les genouillères, les poignets et les coudières. Ainsi, après toutes ces énumérations hypothétiques mais somme toute réalistes, ce n'est pas demain que Naji pourra cesser de travailler ou même songer à diminuer ses ardeurs.

Il est évident que la popularité des bébés apportera probablement un peu d'eau au moulin, par chance. Lina et Naji sont tout à fait conscients que leurs bébés sont, dans une certaine mesure, les enfants du public. Ils en sont d'autant plus conscients qu'au moment de la naissance de leurs petits leur propre vie privée a cessé d'exister. Désormais, leur vie à tous les deux allait être entièrement tournée vers leur progéniture. Toutefois, Naji et Lina tiennent à être très prudents et ils ne veulent surtout pas brimer leurs enfants à des fins lucratives. Ils veulent bien consentir à certains projets tels la rédaction d'un livre racontant leur histoire ou participer à certaines publicités ou à des projets similaires, mais ils ne veulent surtout pas que leurs enfants soient exploités comme ont pu l'être les désormais célèbres jumelles Dionne, nées en 1934 dans un patelin francophone de l'Ontario. La naissance et la vie de ces jumelles identiques nées prématurément avaient procuré des millions de dollars à bon nombre de profiteurs. Pour Lina et Naji, leurs quintuplés sont ce qu'ils ont de plus précieux au monde et ils ne voudraient surtout pas qu'un jour un de leurs enfants leur reproche quoi que ce soit en ce sens. Il est évident que les bébés seront sollicités par les médias à mesure qu'ils grandiront, mais Lina et Naji tenteront toujours de leur ménager une certaine vie privée. D'un autre côté, Lina et Naji ne peuvent complètement soustraire les enfants à certains projets qui leur permettraient de ramasser de l'argent pour assurer leur avenir. De plus, il sera fort valorisant pour les bébés, plus tard, de dire qu'ils ont fait telle ou telle publicité ou participé à tel ou tel projet. Évidemment, l'équilibre et la modération devront prévaloir afin de ne brimer personne et de ne pas exploiter les bébés.

CHAPITRE XI

LES BÉBÉS SE PRÉSENTENT

Joe, le peureux

Mon nom est Joe Anthony; c'est Anis, le frère de papa, qui l'a choisi. Mon groupe sanguin est le B positif. Je suis né le premier, à 8 h 25, et je pesais 1,550 kg. Je n'ai pas pleuré lorsque le Dr Joshi m'a retiré du ventre de maman. Mais le Dr Papageorgiou a accompli des miracles avec moi. Pour m'aider à vivre, on a dû me donner des médicaments spéciaux et beaucoup d'oxygène. Toutefois, à ma première année de vie, je n'ai pas été plus malade qu'un autre bébé, même né à terme. Comme on dit, j'ai repris vite du poil de la bête. À un an, j'avais déjà trois dents en haut et deux en bas. Je suis vraiment en super-santé. Toutefois, j'ai été un peu plus lent que les filles à marcher.

Selon Élisabeth, je suis un bébé très calme. Mimi, quant à elle, dit que je suis un drôle de petit bonhomme. Parfois, on me surnomme Jojo ou encore Joé. Ça ne me dérange pas du tout. Par ailleurs, je suis jaloux, je l'avoue. Je suis le plus jaloux des bébés. Quand je désire être dans les bras de papa ou de maman et que quelqu'un d'autre s'y trouve déjà, je fais connaître mon mécontentement de toute la force de mes petits poumons. Malgré tout, je suis un bébé tranquille et je peux rester longtemps seul.

Maman trouve que je ressemble à mon oncle Anis, mais d'autres membres de la famille trouvent que je ressemble plutôt à grand-maman Hana. À voir ma physionomie, avec mes grands pieds et mes mains larges, maman croit que j'aurai la carrure de papa. En temps normal, je suis plutôt tranquille et je dors bien le jour, surtout le matin. La nuit, par contre, je pleure souvent, et il faut que quelqu'un vienne me tapoter les fesses et me chuchoter des mots tendres. Au début, c'était parce que j'avais beaucoup de coliques qui me dérangeaient dans mon sommeil. Par la suite, c'est parce que j'aimais ça.

Quand j'étais tout petit, il y a un an au moins, quand on me baignait dans la bassine, je pleurais. Maintenant que j'ai grandi et que je prends mon bain dans la grande baignoire, j'aime mieux ça. Même si je crains toujours l'eau, j'essaie de m'amuser sans pleurer, au grand plaisir de la personne qui veille sur moi.

Par ailleurs, oui, je l'avoue, je suis gourmand. Je mange très bien et très vite, et je ne fais pas de caprices. Tant que j'ai quelque chose dans la bouche, la vie est belle. Si j'ai de la peine et que je pleure, même si je n'ai pas faim, une bouchée de galette de riz que je vais suçoter suffit pour m'apaiser. À un an, je pesais environ 11 kg (24 lb).

Zeina, la vedette

Zeina Rita. C'est papa qui a choisi de me donner le prénom de Zeina. Oncle Anis, pour sa part, préférait celui de Rita. Je suis du groupe sanguin AB positif. Je suis née la deuxième, à 8 h 26, et je pesais 1,370 kg. Comme Tina, j'étais en superbe forme; alors, pas besoin d'oxygène pour moi. Mes poumons fonctionnent très bien et je suis en excellente santé.

Maintenant, c'est moi, la grande cheftaine, et pour cause: j'ai toujours été la première en tout. J'ai été la première à percer une dent et à faire ses premiers pas. Et je n'ai pas choisi n'importe quelle occasion: à mon baptême, j'ai fait un très beau spectacle. À un an, donc, j'avais cinq dents et je marchais déjà. Ma sixième dent est apparue au cours de notre dernier voyage au Liban, en mai 1993. On m'appelle parfois Zazounne ou Zouna. Je fais tellement de grimaces que ma marraine, Mimi, m'appelle «la caricature».

Ainsi, honneur oblige, je suis le «boss» et je donne l'exemple. J'adore me promener au milieu du salon et montrer à tous ceux qui me regardent comme je marche bien. Petit doigt en l'air, large sourire, regard en coin, je fais la roue, je me pavane gracieusement et je suis très fière de mes performances. Je déambule en regardant mes frères et mes soeurs. Il faut bien qu'ils prennent l'exemple, quoi. Que voulez-vous, j'aime qu'on me regarde et, si quelqu'un tombe en pâmoison devant un autre bébé que moi, je ferai tout pour attirer l'attention sur moi.

Évidemment, je sais ce que je veux et, quand je désire quelque chose, je l'obtiens; sinon, on apprend vite de quels poumons je me chauffe. Et ça marche! Je suis une petite vite, comme on dit. J'aime que les choses se fassent rapidement. Quand vient le temps de sortir, dès que je suis habillée, je suis prête et je n'aime pas attendre après tous les autres lambins. Je n'ai pas de temps à perdre, moi. En ce sens, je crois que je ressemble à la soeur de papa Naji, qui porte le même nom que ma maman, Lina. Moi aussi, comme Tina, j'aime prendre mon bain. J'aime taper des mains et des pieds dans l'eau; par contre, je ne veux pas y mettre mon joli visage. Je mange beaucoup, mais, que voulez-vous, je marche et j'ai besoin d'énergie. Je ne suis pas difficile comme ma soeur Tina, toutefois. À un an, j'ai un poids honorable d'environ 12 kg (26,4 lb).

Jad, le jouisseur

Jad Georges est mon nom. C'est maman qui a choisi de m'appeler Jad. Quant à Georges, c'est le nom de grand-papa Haddad. Mon groupe sanguin est le A positif. Je suis né le troisième à 8 h 26, et mon poids à la naissance était de 1,270 kg. Je suis le seul garçon à ne pas avoir eu besoin d'oxygène, car mes poumons fonctionnaient très bien. Mon état de santé général était, et est toujours, excellent.

Je suis un enfant gâté, je n'ai pas honte de le dire. Mais j'aime tellement qu'on s'occupe de moi. On me surnomme Jado ou encore Jajou. Même si je suis un enfant très calme, j'aime bien jouer des tours à maman. Aussitôt qu'elle a le dos tourné, je change de place pour voir sa réaction. Mais, à vouloir bouger aussi rapidement, je me retrouve parfois dans de fâcheuses positions. Alors, je pleure, et maman me dit chaque fois: «Mais qu'est-ce que tu fais là? Il y a deux secondes à peine, tu étais bien calme dans ton coin!» Que voulez-vous, je suis un petit vite. Mais on n'a pas trop à me reprocher ce trait de caractère parce qu'après tout j'ai de qui tenir: pour tout vous dire, dans la famille, c'est papa qui fait tout rapidement.

Maman dit que je suis d'un tempérament très changeant. Je dois avouer qu'elle a raison. Une minute, je ris, l'autre, je pleure. Un moment, je suis tranquille dans mon coin et, en un éclair, je me retrouve ailleurs. Somme toute, je suis un bon bébé très gentil, mais, quand je suis malade, je deviens tout à fait insupportable.

J'adore prendre un bon bain, mais debout. Dès qu'on m'assied dans la baignoire, je me relève. Et il paraît que je suis encore plus beau quand je prends mon bain à cause de mes cils qui, lorsqu'ils sont mouillés, semblent encore plus longs et foncés. Je suis un bébé au sourire facile et j'adore quand tante Mimi me lance en l'air et me rattrape. Je ris aux éclats tellement j'aime ça.

Pour ce qui est des repas, je ne suis pas aussi difficile que Tina, car elle, elle est vraiment dure à battre. Toutefois, j'ai quand même certaines préférences et, quand je ne veux pas quelque chose, il est impossible de me faire ouvrir la bouche. Si on insiste, je rejette tout et tant pis pour le dégât. J'allais oublier: j'ai été le premier des garçons à marcher. C'est au cours de notre deuxième voyage au Liban, vers la fin de mai 1993, que je me suis enfin décidé à déambuler sur mes deux pieds. À un an, je pesais un beau 10 kg (22 lb). J'arborais fièrement deux belles dents blanches en bas et une troisième en haut, et une quatrième pointait déjà.

Rami, le danseur

Moi, c'est Rami Élio, de mon nom de baptême. C'est maman qui a choisi de m'appeler Rami. Quant à Élio, c'est en l'honneur d'un saint très important dans notre religion, saint Élie. Mon groupe sanguin est le O positif. Je suis né le quatrième à 8 h 27 et je pesais 1,240 kg. Comme Joe, j'ai éprouvé des problèmes de respiration à ma naissance. Mais le Dr Papageorgiou m'a bien soigné avec des médicaments spéciaux. J'essayais bien de respirer, mais c'était très difficile. Grâce aux médicaments magiques, aujourd'hui, je me fais entendre aussi fort que les autres quand je pleure. Par la suite, comme Joe, je n'ai pas été souvent malade. Nous sommes tous chanceux, car nous avons une très bonne santé. Personne ne pourrait dire, à nous voir, que nous sommes des prématurés.

Moi aussi, j'ai des surnoms. Maman m'appelle, entre autres, Mimi à cause du surnom de tante Mimi, la marraine de Zeina et de Jad. Je réponds également à Mimo et aussi à Marmar, comme le petit garçon d'une chanson arabe. Je suis d'un calme inébranlable. Indépendant, je suis un peu farouche. Je n'aime pas être dérangé, car je suis irritable et je me fâche quand ça ne fait pas mon affaire. D'ailleurs, j'ai mis au point un moyen infaillible pour attirer l'attention. Je m'assieds par terre et je me frappe la tête sur le plancher en pleurant. C'est magique. Aussitôt, quelqu'un s'occupe de moi. Mais, que voulez-vous, quand on est cinq et qu'on veut de l'attention, il faut bien trouver les moyens de faire son chemin. Ce petit côté indépendant de ma personnalité fait en sorte que Ghislaine m'appelle «monsieur solitaire». Je peux d'ailleurs jouer seul avec un jouet ou même un simple bout de papier pendant des heures.

Mis à part cette petite particularité de mon caractère, je suis un très bon bébé et je suis sociable à mes heures. J'adore la musique et j'aime danser comme un fou. Assis, debout, seul ou en agréable compagnie, dès qu'il y a de la musique, je me dandine. Après une bonne séance de danse, j'aime bien prendre un bain, mais il faut que ça se déroule tout en douceur, comme dans toutes les autres activités de ma vie. J'ai une grosse voix et la carrure d'un grand monsieur en miniature, à ce qu'on dit autour de moi. J'aime bien me faire prendre et poser ma tête sur une épaule chaleureuse et compréhensive. Dans mon bain, j'aime me prélasser dans l'eau comme une grenouille au repos sur une feuille de nénuphar. Ça fait tellement de bien. Dans la famille, c'est moi, le plus dodu. À un an, je pesais un peu plus de 12 kg (26 lb). Mais, que voulez-vous, tout est tellement bon qu'il faut bien tout manger. Il y a également le fait que je suis d'un tempérament plutôt lent. D'ailleurs, c'est moi qui prends le plus de temps pour manger. Mais je mange tout, pas de gaspillage. Et j'ai très bonne mine.

Tina, la braillarde

Je m'appelle Tina. Mon prénom sonne comme celui de maman Lina. C'est la raison de ce prénom. Mon autre prénom est Mona, comme la soeur de maman. Mon groupe sanguin est le O positif. Je suis née la dernière à 8 h 27 et je pesais 1,040 kg. En pleine forme, je n'ai pas eu besoin d'oxygène. Évidemment, toute la première année de ma vie a été excellente. On me surnomme Tati, Tatou ou encore Tanamire, que j'adore particulièrement. Malgré ma petitesse, c'est moi qui ai fait mes premiers pas la deuxième, précédant les beaux gros garçons. Oui, dès mon arrivée au Liban en mai 1993, j'ai tenté ma chance et ça a marché.

Maman est le centre de mon univers. Quand je la vois, je veux absolument être dans ses bras. Dès le matin, quand on m'installe dans le salon pour jouer en attendant le petit déjeuner, je me place face au corridor et je fixe la porte de la chambre de maman et de papa. Alors, je la réclame avec insistance en répétant sans cesse «maman, maman». Ainsi, je me pratique également à bien prononcer ce premier mot de mon vocabulaire. Comme j'ai hâte de la voir apparaître, et Dieu que l'attente est longue! L'idéal pour moi, ce serait que maman possède une poche comme un kangourou, et c'est moi, évidemment, qui m'y blottirais tout le temps.

On dit de moi que je suis une petite sensible. J'ai besoin d'être protégée. Il faut m'approcher lentement, sinon je m'effraie et je pleure. Surtout, ne m'énervez pas. Curieuse, je suis également très observatrice. Finalement, j'ai bon caractère, je ne suis pas têtue et je suis prête à faire des concessions. On dit que c'est à maman que je vais ressembler. J'adore mon frère Rami. Nous parlons souvent ensemble, mais maman ne nous comprend pas.

Je ne suis pas délicate pour rien: je ne mange pas beaucoup et je suis plutôt fine gueule. On ne me passe pas n'importe quoi. Ainsi, à la maison, tout le monde sait que, si je mange quelque chose de nouveau sans faire la grimace, tous les autres frangins et frangines vont en manger. J'adore prendre mon bain. Je suis la baleine de la famille, non pas à cause de mon poids, mais plutôt parce que je raffole de l'eau. J'en mets partout et, surtout, j'éclabousse la personne qui me donne mon bain. J'ai tellement de plaisir à prendre mon bain que, quand vient le temps d'en sortir, je pleure. Mais, que voulez-vous, j'adore sentir l'eau couler sur mon visage. Pas question d'être assise quand je prends mon bain. Non, j'aime être couchée à plat ventre et plonger mon visage dans l'eau. Ah oui, j'oubliais. Quand j'ai fêté mon premier anniversaire, j'avais déjà trois dents, deux en bas et une en haut.

CHAPITRE XII

L'ASPECT MÉDICAL DE LA NAISSANCE DES QUINTUPLÉS

Le Dr Arvind K. Joshi, qui a suivi Lina pendant toute sa grossesse, est une sommité dans le domaine des grossesses à hauts risques. Très peu de médecins spécialistes à travers le monde possèdent beaucoup d'expérience dans les grossesses multiples impliquant des quadruplés ou des quintuplés. Il faut dire qu'elles sont rarissimes. À preuve, les archives médicales ne dénombrent que cinq cas de quintuplés au Canada. Lina est donc devenue la sixième femme à mettre au monde cinq bébés en sol canadien.

Toutefois, il n'est pas nécessaire qu'il y ait quatre ou cinq bébés pour qu'une grossesse soit considérée comme à hauts risques; dès qu'il y a des jumeaux ou des triplés, elle porte cette étiquette, à cause, principalement, de la possibilité qu'ils soient prématurés. Comme le mentionnait le Dr Joshi en entrevue, on n'a pas encore déterminé scientifiquement pourquoi certaines femmes commencent leurs contractions avant la fin de leur terme. Toutefois, pour les grossesses multifoetales, on a émis certaines hypothèses, ou plutôt soulevé certaines interrogations, en relation avec la prématurité. Ainsi, on suppose que celle-ci pourrait être reliée à une influence hormonale ou encore que l'accouchement serait déclenché par l'utérus, qui aurait atteint un point d'étirement maximum et qui, par mesure de protection, provoquerait le travail de la mère. On n'en est encore qu'au stade des hypothèses, et le problème reste entier.

Les dangers d'une grossesse multiple

Ainsi, lorsque le Dr Joshi a appris que Lina, qui venait d'arriver au Québec, portait des quadruplés, il a immédiatement demandé son hospitalisation. De cette façon, il a pu vérifier la présence des bébés et leur nombre exact, tout en s'assurant de l'état de santé de la mère. Ce séjour à l'hôpital a également permis aux parents, récemment immigrés, de bien s'intégrer, par l'entremise des autorités médicales, au système social de la province qui les accueillait. Le Dr Joshi considérait aussi que Lina et Naji, bien encadrés, découvriraient les rouages de la nouvelle vie qui les attendait en sol québécois en tant qu'immigrants et en tant que futurs parents de cinq bébés.

Lina a été une patiente idéale. Son attitude positive à 100% lui a permis de bien traverser toutes les épreuves de sa grossesse et a fait en sorte qu'elle garde en son sein ses cinq bébés jusqu'à 30 semaines. Selon le Dr Joshi, il est très important, dans un cas de grossesse multiple, que la femme enceinte soit considérée comme une unité, un tout. Il est également impératif qu'elle reçoive énormément de soutien, non seulement de la part de son mari, mais également de tous les membres de sa famille. Dans le cas de Lina, sa parenté étant éloignée, ce sont les amis libanais qui vivaient au Québec qui ont pris la relève et ils ont été des plus présents et solidaires avec elle.

Le plus grand danger qui menaçait Lina pendant sa grossesse était l'effet psychologique de sa maternité. Déjà, lorsqu'une femme porte un bébé, elle doit vivre nombre de changements physiologiques et psychologiques. Un temps d'adaptation est nécessaire, autant pour la mère que pour le père. Il est évident que, dans le cas d'une grossesse multiple, cette adaptation est encore plus considérable, étant donné les répercussions sociales de la naissance de plusieurs enfants. Un deuxième point très important à surveiller chez la patiente est la dépression de la mère, qui peut montrer une certaine difficulté à accepter son état et également craindre pour l'avenir.

Une autre inquiétude pour les médecins, lors d'une grossesse multiple, c'est le risque que court la mère de subir une thrombose provoquée par le fait qu'elle reste alitée trois, quatre ou cinq mois, selon le cas. En effet, ne pas bouger les jambes peut favoriser la création de caillots qui peuvent se rendre, entre autres, aux poumons et créer de réels problèmes. Toutefois, entre deux maux, il faut choisir le moindre. Médicalement parlant, les bienfaits de l'alitement pour une femme enceinte d'un seul bébé n'ont pas été démontrés, certains écrits scientifiques soutiennent que, dans le cas d'une grossesse multiple, l'alitement de la patiente serait bénéfique, car il diminuerait les chances de contractions prématurées. De plus, la position allongée éviterait une certaine pression sur le col de la matrice et diminuerait quelque peu la pression sanguine de la femme, ce qui permettrait aux bébés de mieux se développer. Évidemment, ce sont des hypothèses, mais les médecins considèrent d'un bon oeil de prendre ces précautions. Surtout que des mesures palliatives peuvent être appliquées. Ainsi, le Dr Joshi avait demandé à des spécialistes en physiothérapie de dresser pour Lina un programme d'exercices à faire au lit.

Un autre facteur à ne pas négliger lors d'une grossesse multifoetale est la possibilité que la mère souffre de pré-éclampsie, ce qui peut provoquer des convulsions. C'est pourquoi le sang, les urines et la pression de Lina étaient analysés régulièrement afin de prévenir toute crise. L'alimentation de la mère exige également une attention particulière afin de vérifier à chaque repas l'apport calorique en protéines et autres substances essentielles. Pour ce faire, une diététiste voyait à la composition de chacun des repas de Lina. Un autre inconfort que Lina a dû subir a été une certaine difficulté à respirer, causée par le fait que son diaphragme se trouvait comprimé par le nombre imposant de bébés. Finalement, les médecins auront dû porter une grande attention au fait que Lina avait déjà subi une césarienne lors de sa première grossesse. La présence de cinq nouveaux bébés dans son ventre aurait pu causer une déchirure de l'utérus à l'endroit de la première coupure. Dans son cas, comme elle était à l'hôpital, le moindre signe de douleur au ventre aurait alerté les autorités médicales. Si tel avait été le cas, il aurait alors fallu accoucher les bébés immédiatement et, selon le temps de gestation, leur survie aurait été garantie par les installations médicales et techniques de l'hôpital.

Sur ce dernier point, le Dr Joshi n'avait pas de craintes, sachant fort bien que le Centre hospitalier de St. Mary et l'Hôpital général juif de Montréal sont dotés d'équipements perfectionnés qui permettent de sauver des prématurés d'environ 600 g. À 1 kg, les résultats obtenus par ces hôpitaux sont incroyables. Au Centre hospitalier de St. Mary, le département d'obstétrique est un des services les plus importants. Plus de 4 400 accouchements y sont pratiqués tous les ans. Dans la province de Québec, il n'y a qu'un seul autre hôpital à pratiquer autant d'accouchements, c'est la Cité de la santé, à Laval. À l'Hôpital général juif de Montréal, près de 4 000 accouchements sont réalisés tous les ans, et cette institution possède une pouponnière de soins intensifs spécialisée qui fait sa renommée. C'est pourquoi on y a transféré Lina.

Tout au long de la gestation, chaque deux semaines, les bébés de Lina étaient mesurés. Ils progressaient normalement. Considérant qu'ils étaient cinq dans l'utérus, il était évident qu'ils ne pourraient pas atteindre un poids moyen de sept livres comme dans le cas d'un seul bébé. Il aurait été impossible pour la mère de les porter. Selon le Dr Joshi, jusqu'à environ 26 ou 27 semaines de gestation, le développement des bébés dans l'utérus de leur mère est le même, qu'il y en ait un, deux ou cinq. Mais, après cette date, selon le nombre, ils prendront moins de poids, ce qui fait qu'un bébé unique pourra atteindre une moyenne de sept livres, des jumeaux, environ cinq et ainsi de suite en diminuant à mesure que leur nombre augmente.

Dans toute cette aventure de la gestation des quintuplés, le Dr Joshi a toujours considéré que, pour que tout aille aussi bien, il fallait qu'un Dieu veille autant sur sa patiente et ses enfants que sur lui-même. Il persiste toutefois à dire que l'attitude positive de Lina, sa pleine confiance au système médical et surtout en son médecin l'ont grandement aidée à vivre chaque jour de sa grossesse. En effet, une grande complicité s'est immédiatement installée entre le Dr Joshi et Lina. Dès le premier jour, celui-ci a trouvé qu'il y avait de bonnes ondes entre elle et lui, et il savait que ce climat de confiance mutuelle était important et qu'il les aiderait à arriver à bon port. Même si le Dr Joshi est une sommité dans le domaine des grossesses à hauts risques, il n'en demeure pas moins que, pour lui, chaque grossesse représente un nouveau défi: il veut voir naître tous les enfants qu'il suit pendant la gestation de leur mère. Ainsi, tous les jours, le Dr Joshi se rendait au chevet de Lina et, quand il ne pouvait pas le faire, il l'appelait. Même le jour du décès de son beau-père, lorsqu'il s'est retrouvé dans la région de Lachute pour les funérailles, il a pris la peine d'appeler Lina pour se rassurer et savoir comment elle allait.

Les dangers potentiels

Si la mère enceinte de plusieurs enfants court certains dangers, les bébés ne sont pas à l'abri non plus, bien au contraire. Une des premières précautions que prennent les médecins est de s'assurer régulièrement que les bébés sont tous vivants. Si un bébé était mort, la grossesse pourrait se poursuivre malgré tout, mais les médecins auraient alors toutes les raisons de s'inquiéter de la raison du décès. Un tel cas est-il dû à une malformation quelconque? En effet, la documentation médicale montre que plus il y a de bébés en gestation, plus les risques de malformations sont élevés. Mais un retard de croissance ou encore une transfusion de sang entre les bébés pourraient également entraîner la mort de l'un d'eux.

Ainsi, c'est à 30 semaines que le Dr Joshi et le Dr Papageorgiou ont décidé d'accoucher Lina. À ce stade de la grossesse, les risques pour la survie des enfants étaient moins grands. Comme il était impossible de surveiller l'évolution des bébés à l'intérieur de l'utérus 24 heures sur 24, afin d'éviter des complications subséquentes, on a préféré les mettre au monde avant terme. Comme l'expliquait le Dr Joshi, même écouter simplement le coeur des bébés dans le ventre de leur mère devient très difficile lorsqu'il y en a cinq. Un bébé peut mourir sans qu'on s'en rende compte en écoutant les coeurs battre; le seul moyen de vérifier est l'échographie. Même Lina ne pouvait pas dire lequel de ses bébés bougeait, contrairement à plusieurs mamans de jumeaux ou de triplés qui sont souvent en mesure d'identifier le bébé en mouvement.

Une opération réussie sur toute la ligne

Après la naissance des enfants, Lina n'a subi aucune complication. Peu après la grossesse, l'utérus de Lina avait repris sa forme. Selon le Dr Joshi, la matrice d'une femme est un organe incroyable, une merveille de la nature. Même si Lina avait déjà vécu une grossesse multiple, elle n'a pas eu à subir d'hystérectomie, son utérus ayant repris normalement sa taille. Lorsqu'on rencontre des problèmes au niveau de l'utérus, c'est immédiatement après l'accouchement, quand celui-ci refuse de se contracter, ce qui cause des saignements. Dans le cas de Lina, dès que les placentas ont été retirés, les contractions utérines ont débuté. Un médicament l'a d'ailleurs aidée en ce sens.

La récupération de Lina a été excellente. Encore une fois, le Dr Joshi l'attribue à son attitude positive. Pour lui, le jour de l'accouchement a été un jour particulièrement rempli d'émotions. C'était l'aboutissement de plusieurs mois de suivi et de travail en vue d'amener les enfants jusqu'au jour de leur naissance, et la délivrance a été aussi magique que le déroulement de la grossesse. Mettre cinq bébés au monde, c'est exceptionnel et, pour le Dr Joshi, c'était très énervant même s'il est un expert dans son domaine. Les sauver tous ainsi que la mère représentait un grand défi. Par la suite, il s'est dit ravi des résultats et enchanté d'avoir mis au monde les premiers quintuplés québécois.

Après l'accouchement

Le Dr Apadolos Papageorgiou, m.d.f.r.c.p.c., est le chef du Département de néonatalité de l'Hôpital général juif de Montréal et du Centre hospitalier de St. Mary. C'est lui qui a pris en charge les quintuplés Abikhalil dès leur sortie de l'utérus de leur mère. Il est évident que, dès qu'il y a plus d'un bébé à naître, les risques de complications diverses lors de l'accouchement sont plus élevés. Le Dr Papageorgiou explique dans les grandes lignes les dangers que représentent la prématurité et la naissance de bébés multiples.

Selon lui, le plus grand risque qu'engendre la prématurité est sans contredit la "membrane hyaline", une forme de détresse respiratoire due à l'immaturité des poumons qui peut amener un manque d'oxygène et une fatigue respiratoire. Cette déficience peut éventuellement rendre nécessaire une assistance respiratoire par ventilateur. Plus on avance dans la période gestationnelle, plus on diminue statistiquement les chances d'immaturité du poumon. Ainsi, après 36 à 37 semaines, on ne rencontre que très rarement cette affection de la membrane hyaline. Le bébé peut toujours présenter des problèmes de détresse respiratoire, mais ces derniers seront causés plutôt par d'autres complications, telles une pneumonie, l'aspiration de liquide amniotique, etc. Comme le mentionne le Dr Papageorgiou, il est rare que des triplés soient accouchés après 32 semaines alors que, la plupart du temps, les accouchements de trois bébés ou plus s'effectuent vers les 24e à 28e semaines. Ainsi, on peut considérer que la période gestationnelle de 30 semaines des quintuplés représente un succès énorme. C'est pourquoi également, tout au long de la grossesse de Lina, l'inquiétude régnait. Chaque jour de plus était une victoire, car, à 23 ou 24 semaines, ces risques de complications auraient été de 100%, parce qu'on rencontre alors beaucoup de risques d'asphyxie. À la naissance d'un seul bébé, les risques d'asphyxie sont plutôt rares. Toutefois, dès qu'il y a des jumeaux, le deuxième bébé à naître court plus de risques de développer des problèmes respiratoires, du fait qu'il reste plus longtemps dans le ventre de sa mère. Pendant ce temps d'attente, il peut y avoir, entre autres, des contractions et donc plus de chances d'anoxie, c'est-à-dire de manque d'oxygène. Statistiquement parlant, il est démontré que le deuxième jumeau, sans présenter des problèmes graves dans son développement gestationnel, éprouve toujours plus de problèmes respiratoires que le premier. Évidemment, plus il y a de bébés, plus les risques sont élevés; c'est pourquoi, à la naissance des quintuplés, le Dr Joshi n'avait pas une minute à perdre.

Outre les problèmes respiratoires, à l'accouchement de plusieurs bébés, il y a également d'autres risques, comme la communication du sang des bébés entre eux. Ainsi, un bébé peut transfuser l'autre, ce qui fait qu'un des bébés peut être anémique par manque de sang et l'autre, également malade parce qu'il en a trop. Un manque de sang ou, au contraire, une quantité trop élevée de sang est difficile pour le coeur et peut entraîner des défaillances cardiaques. Ce transfert de sang amène souvent des mortalités avant l'accouchement. Dans le cas des quintuplés, ces inquiétudes en relation avec le transfert de sang étaient multipliées par cinq. Dans le cas d'un décès avant la fin de la gestation, la mère peut malgré tout continuer sa grossesse dans la mesure où la vie de l'autre ou des autres bébés, selon le cas, n'est pas compromise. Toutefois, un risque additionnel apparaît, car, lorsqu'un bébé meurt avant terme, il est difficile de savoir exactement le pourquoi du décès. Est-ce un accident placentaire, un transfert de sang, une perte de sang quelconque ou autre chose? Ne sachant trop la raison, on a toutes les raisons de s'inquiéter quant à la survie de l'autre ou des autres bébés.

Par chance pour Lina, ses cinq bébés sont sortis gagnants de cette belle aventure de la grossesse. Le premier bébé à naître, un garçon par la suite nommé Joe, a dû recevoir une aide respiratoire par ventilateur pendant plusieurs jours. C'était lui, le plus fragile. Il était branché à une machine qui l'aidait à respirer et a également reçu de l'oxygène. Le deuxième bébé, une fille prénommée Zeina, n'a eu aucun problème. Le troisième bébé, Jad, était tout à fait bien. Le quatrième bébé, Rami, a toutefois lui aussi démontré des problèmes respiratoires, mais un peu moins sévères que Joe. Il a donc passé moins de temps branché au ventilateur et a récupéré beaucoup plus rapidement. Finalement, le cinquième bébé, Tina, a reçu un tout petit peu d'aide respiratoire, en ce sens qu'elle respirait d'elle-même, mais qu'elle recevait un peu de pression pour garder ses poumons ouverts. Pour ce faire, des tubes étaient installés à environ 1,5 ou 2 cm dans son nez, tubes qui ne passaient même pas dans la trachée. Par la pression, l'air se rendait de lui-même dans les poumons avec l'oxygène.

Avec ou sans problèmes respiratoires, les cinq bébés ont été placés dans des incubateurs, car leur poids n'était pas assez élevé. L'incubateur a la propriété de garder la température du corps stable et protège jusqu'à un certain point les bébés des risques d'infection. En général, quand un bébé commence à bien manger, soit par les bouteilles ou par le sein maternel, et qu'il gagne du poids de façon continue, il peut repartir à la maison avec sa mère. Peu importe son poids, lorsque les médecins se rendent compte que l'enfant conserve un poids stable et qu'il est autonome, ils le considèrent comme apte à sortir de l'incubateur. Ordinairement, quand un bébé approche les deux kilos, plus souvent qu'autrement, il est prêt à sortir. Par contre, si l'enfant n'est pas autonome et qu'il est retiré trop rapidement de l'incubateur, il devra utiliser le peu de réserve énergétique qu'il possède pour maintenir la chaleur de son corps, ce qui le fera maigrir. Donc, avant de le retirer de l'incubateur, les médecins vérifient, sur une période suffisamment longue, si le bébé affiche un gain de poids continu.

Lorsqu'ils étaient en incubateur, les bébés étaient nourris par intraveineuses. Ils recevaient par solution une alimentation très équilibrée, composée de protéines, de lipides, de sucre et d'autres éléments minéraux pour permettre une croissance optimale. Dès que l'état des enfants l'a permis, il y a eu alternance entre une alimentation intraveineuse et une alimentation orale de lait maternisé. Et, lorsque l'alimentation orale a été suffisante, les intraveineuses ont été retirées.

Les chances de survie d'un bébé unique né prématurément à 30 semaines sont très élevées, soit plus de 90%. Évidemment, les chances de succès sont également reliées directement aux attributs médicaux de l'établissement hospitalier où l'enfant naît. Quand il y a naissance de jumeaux, les chances diminuent et ainsi de suite. Évidemment, lorsque l'on parle de quintuplés, il est évident que les risques de décès sont très élevés. Malheureusement, il n'y a aucune statistique établie puisque la naissance de quintuplés est très rare. Donc, selon le Dr Papageorgiou, la première réussite concernant la naissance des quintuplés est le fait qu'ils aient atteint 30 semaines de gestation. Le deuxième exploit, c'est le fait qu'ils soient tous vivants à la naissance. Finalement, le troisième exploit est que, grâce aux respirateurs artificiels, les deux garçons, Joe et Rami, qui présentaient des détresses respiratoires, aient pu survivre. La survie et la récupération des cinq enfants prématurés, appuyés par un équipement des plus sophistiqués et un personnel hautement qualifié, sont tout à fait remarquables, ce qui leur a permis de passer à travers les différentes maladies attribuables aux prématurés.

Après leur sortie de l'hôpital, les petits ont été suivis régulièrement à la clinique externe de l'Hôpital général juif de Montréal de Montréal, où ils sont nés. Par la clinique de suivi, une infirmière visitait régulièrement les bébés à domicile pour s'assurer que tout allait bien. D'ailleurs, ce sont les autorités de l'hôpital qui ont vu à ce que Lina reçoive toute l'aide voulue à son retour à la maison par l'entremise du CLSC. C'est également grâce à la direction de cet hôpital si Lina a pu obtenir les services des stagiaires du collège Vanier au domicile même des quintuplés. Ainsi, le personnel de l'Hôpital général juif de Montréal n'a pas uniquement rempli son rôle médical, il est allé plus loin pour offrir aux nouveaux parents le soutien dont ils avaient besoin. C'est d'ailleurs le personnel de l'hôpital qui a vu à sensibiliser les différentes compagnies de lait, de couches ou d'autres produits nécessaires à un nouveau-né afin qu'ils soutiennent les parents dans leur nouvelle aventure.

Ainsi, les bébés ont été suivis de près et ont reçu tous les vaccins nécessaires à leur croissance. Selon le Dr Papageorgiou, les quintuplés ont vécu une première année de vie exceptionnelle. Ils n'ont pas été plus malades que n'importe quel autre bébé unique, et leur développement en poids, en grandeur et en motricité est tout à fait normal. À les regarder, on ne peut pas savoir que les quintuplés sont nés prématurément. Toujours selon le Dr Papageorgiou, la qualité des soins hospitaliers prodigués aux enfants a fait en sorte qu'ils passent à travers chaque problème sans complication. Comme l'a conclu le Dr Papageorgiou: «En tant que médecin, on s'attend toujours à ce qu'un bébé prématuré rencontre des problèmes de santé. L'important, c'est qu'il soit bien traité afin d'éviter les complications. Ainsi, les complications contrées, les quintuplés se sont développés selon le potentiel que le Seigneur leur avait donné.»

ÉPILOGUE

Quelle histoire que celle de Lina et Naji! Quel chemin ils ont parcouru pour atteindre leur but d'être les parents de ces cinq charmants bébés! Heureux cinq fois de pouvoir cajoler non pas un ni deux ni même trois, mais bien cinq enfants, jamais ils ne voudraient changer de place avec qui que ce soit. Et, à l'inverse, personne ou presque ne voudrait prendre la leur. Autant il y a d'hommes et de femmes sur terre, autant il y a de réactions différentes à l'idée de mettre au monde et d'élever des quintuplés. Certains sombreraient dans l'angoisse et l'inquiétude; d'autres se retrousseront les manches et prendront le taureau par les cornes. Pour réussir à traverser une telle aventure remplie de joies et d'inquiétudes de toutes sortes, il faut un tempérament bien spécial. Lina et Naji sont de ces gens qui voient la vie sous un angle positif.

Sont-ils bénis des dieux? Pas vraiment. Même s'ils croient tous deux que, lorsqu'un enfant vient au monde, le ciel lui envoie sa dot, ils savent pertinemment que, pour arriver à bien faire vivre leurs enfants, il devront travailler fort — Lina près de ses moussaillons et papa à l'extérieur — et qu'il ne faudra surtout pas compter les heures. Mais ça ne les effraie pas: labeur et confiance en Dieu sont les solides pilotis sur lesquels ils ont construit toute leur vie.

Lina et Naji sont forts d'un enthousiasme peu ordinaire; ils sont inspirés par cinq petits êtres à nourrir, à bichonner, à aimer, à voir grandir. Jamais ils ne connaîtront l'oisiveté, jamais ils ne goûteront l'ennui ou la solitude. La candeur de leurs enfants les gardera jeunes de coeur et d'esprit. Sont-ils riches? Oui, ils le sont en sourires, en câlins, en premiers pas, en premiers mots. Ils sont riches de ces «maman» et de ces «papa» qui leur carresseront les oreilles cinq fois plutôt qu'une. De plus, ils auront le plaisir de découvrir les traits de caractère qui formeront la personnalité de leurs quintuplés adorés.

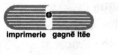

imprimerie gagné ltée

IMPRIMÉ AU CANADA